우리가 몰랐던 세상의 도서관들

우리가 몰랐던 세상의 도서관들

◆

책과 인간이
함께한
길을 찾아서

조금주 지음

나무연필

돌이켜보니 책이 있는 공간을 찾아 나선 지 꽤 오래되었다. 고교 시절에는 주말이면 무작정 책을 찾아 집을 나서곤 했는데, 당시 내가 살던 마을에는 도서관이 없었다. 시내로 나가면 참고서나 각종 잡지류와 함께 단행본을 팔던 책방이 네다섯 곳 있었지만 가난한 고등학생의 주머니엔 책 한 권 살 여윳돈이 없었다.

시외버스 터미널에서 시작하여 도시의 중심을 관통하는 대로를 따라 길의 끝까지 천천히 걸어갔다. 버스로도 사오십 분은 족히 가야 할 먼 길이었는데, 서점이 나타날 때마다 멈춰서 안으로 들어갔다. "○○○ 책 있어요?" 책방지기에게 오래전 출간되었거나 이미 절판된 책들의 제목을 물었다. 대부분 없다는 답변이 돌아왔다. 나는 못내 아쉬운 내색을 하고는 가볍게 책장을 둘러보는 척하다가 읽고 싶었던 책을 골라 선 채로 읽곤 했다. 주인의 눈치가 보이거나 다리가 아프거나 하면 다음 서점을 찾아갔다. 다른 책방에 도착하면 또 구할 수 없는 책 제목을 대고서 전 책방에서 읽다 만 책을 찾아 그다음 부분부터 읽어내려갔다. 그렇게 서점 순례를 마치는 저녁이면 책 두어 권은 거뜬히 읽어낼 수 있었다.

손님이 드문 한적한 책방이라 귀한 자산에 손때만 묻히고 가는 뜨내기라도 아쉬웠던 것일까. 아니면 주말마다 꼬박꼬박 찾아와 한두 시간 내리 선 채로 책만 읽다 가는 가난한 학생이 안쓰러웠던 것일까. 젊은 책방지기는 어느 날 가만히 다가와 나지막한 목소리로 말했다.

"학생, 서서 읽으면 다리 아플 테니 저기 자리에 편히 앉아 읽어요. 안 사도 괜찮으니 보고 싶은 책이 있으면 아무 때나 와서 마음껏 읽고 가요."

아마 그때부터 시작되었을 것이다. 누구의 눈치도 보지 않고 마음껏 책을 볼 수 있는 공간에 대한 동경과 책 읽기 좋은 환경을 만들기 위한 외곬의 여정은.

오랜 세월이 지나 뜻한 바는 아니었지만 나는 어쩌다 사서가 되었다. 사서는 누구에게나 문을 활짝 열어놓은, 책으로 가득한 공간을 지키는 사람이다. 그리고 예전에 책방지기가 크게 마음먹고 내게 베풀었던 호의와 배려를 만나는 모든 이들에게 밝게 웃으며 가볍게 건넨다.

"보고 싶은 책이 있으면 언제든지 찾아와서 마음껏 읽고 가세요."

나는 미국의 작은 사립대학 도서관에 근무하면서 2015년 12월 경기도도서관총서로 『미국 사회를 움직이는 힘, 도서관』을 펴냈다.

이 책에는 미국의 특색 있는 도서관, 공간과 기술의 변화를 통해 살펴본 최신 경향, 그리고 조사와 연구를 통해 접하게 된 도서관의 사서들을 직접 만나 인터뷰한 이야기를 담았다. 공공도서관, 대학도서관, 전문 도서관, 회원제로 운영되는 사립도서관 등 많은 도서관들을 다니며 내가 얻은 결론은, 미국 사회를 선진적으로 이끌어가는 저력이 도서관에서 비롯된다는 것이었다. 미국 도서관에서 가장 중요한 역할을 담당하는 요소는 웅장하고 멋진 건물이나 막대한 예산이 들어간 최첨단 테크놀로지, 특색 있는 서비스가 아니었다. 도서관 안에서 묵묵히 자료를 관리하고, 서비스를 제공하고, 자신이 가진 모든 재능과 능력과 열정을 다해 일하는 사서들이었다.

내 두 번째 책인『우리가 몰랐던 세상의 도서관들』은『미국 사회를 움직이는 힘, 도서관』이후 내가 찾아다닌 유럽과 미국, 아시아의 도서관에 관한 이야기를 담고 있다.

옛 도서관의 모습을 여전히 잘 관리·보존하고 있는 고풍스러운 유럽의 도서관, 유쾌하고 기발한 건축가들의 상상력과 과감한 시도, 마치 내 집안 거실처럼 편안한 실내 인테리어, 레코드나 비디오를 판매하는 상점을 방불케 하는 방대한 양의 CD와 DVD 자료, 각종 방송 장비를 갖춘 스튜디오, 상상을 현실로 실현시키는 제조 공간 메이커스페이스, 어린이들이 고안한 도서 분류 체계를 따르고 이들의 의견을 반영한 공간 디자인, 완벽한 방음 시설을 갖춘 음악실 등 세계 도서관의 변화는 신기하고 흥미롭고 놀랍고 감동적이었다.

하지만 책에 언급된 서비스나 시설 혹은 새로운 시도가 외국에서 대단한 성공을 거두었으니 우리도 적극 도입하자는 말을 하고 싶었던 것은 아니다. 오히려 우리 현실에 맞게 적용 가능성과 실현 여부를 꼼꼼히 고려해보았으면 한다. 최근 한국의 도서관 수는 비약적으로 증가했지만 서비스의 질적 수준은 나날이 악화되고 있다. 부족한 인력이 늘어난 이용자를 대상으로 더 오랜 시간 서비스하고 있기 때문이다. 기형적인 인력 구조, 부족한 예산, 전문 인력 없는 작은도서관들, 독서실처럼 운영되는 열람실, 주입식 교육으로 변질된 문화 프로그램 등 현재 우리 도서관의 현실은 상당히 열악한 점이 많다. 근본적인 대책과 고찰 없이 새로운 서비스를 시도하는 것은 오히려 우려가 된다.

다만 성공적인 외국 사례들이 조금이나마 열악한 우리 도서관의 현실을 비추는 거울 역할을 할 수 있다고 생각했다. 아무쪼록 이 책이 현재 우리의 삶과 우리를 둘러싼 사회에서 도서관의 의미는 무엇이며 앞으로 도서관에 어떤 가치를 담아야 할지, 그리고 미래 세대를 위해 우리의 도서관 환경을 어떻게 바꿔야 할지에 대해 폭넓게 사유하는 밑거름이 되길 바란다.

사람들은 종종 내게 묻는다. 방문한 도서관 중에서 어떤 곳이 가장 멋졌느냐고. 도서관마다 개성과 아름다움이 남달라서 어느 하나를 고르기는 쉽지 않다. 그럼에도 여러 도서관을 방문하면서 가장 인상적이었던 장면을 하나 꼽는다면, 일본의 한 공공도서관에서 책을 쇼핑하듯 대하는 아이들의 모습이었다. 이들은 마치 쇼핑몰에서 물건을 골라 담듯 서가 사이를 자유롭게 돌아다니다가 내키는 대로 책을 골라 북카트에 담았다. 집에 돌아가 읽을 새를 기다리지 못해 서가 사이에 선 채로 책을 읽는 아이들도 있었다. 도서관을 빛나는 공간으로 만드는 것은 이 아이들처럼 책 읽는 즐거움에 빠져 있는 이용자들일 것이다. 세계 곳곳의 도서관 현장을 기록한 이 책이 도서관 실무자뿐만 아니라 책을 사랑하고 도서관에 관심을 가진 이들에게도 잘 가닿기를 고대한다. 그들이 결국 도서관을 빛나게 할 주인공들이니 말이다.

이 책에 수록된 글들은 지난 수년간 찾아다녔던 도서관들에 바치는 일종의 연서戀書일지도 모르겠다. 끝없이 걸어 다니며 발로 쓰고, 오랜 시간 책상에 죽치고 앉아 엉덩이로 쓰고, 거듭 고쳐가며 손으로 썼다. 이 책의 일부 글들은 전문 혹은 부분이 국립중앙도서관에서 발간하는 월간지 《오늘의 도서관》에 연재되었다. 고된 수행이었지만 연재를 핑계로 세계 속의 도서관 탐방이 지속될 수 있었다.

책을 출간하기 전에 미리 원고를 살펴봐주신 한국도서관협회 이용훈 사무총장님, 한성대학교 박성재 교수님, 미국 프린스턴 대학 도서관의 학술자료 수석 배승일 선생님, 수원문화재단 도서관사업부 최진봉 부장님께 고개 숙여 감사의 말씀을 올린다. 출판인과 서점인의 입장에서 이 원고를 읽고 추천 글을 써주신 마음산책 정은숙 대표님과 사적인 서점 정지혜 대표님께도 감사드린다. 원고의 시작부터 책으로의 출간까지 긴 여정에서 모든 순간을 이끌어주셨던 임윤희 대표님께도 진심을 담아 고마움을 전하고 싶다. 책과 도서관에 빠져 오래도록 소홀했던 가족들에게는 미안한 마음뿐이다. 고마움과 미안함을 잊지 않고 앞으로 살아가면서 조금씩 갚겠다.

한평생 책을 찾아다니며 수집하고 숭배하신 만년 서생晩年 書生 아버지의 낡은 책장에 있는 오래된 책들 사이에 부끄럽지만 조심스레 이 책을 꽂아놓고 싶다.

2017년 11월
조금주

차례

— 머리말 ◆ 4

1장 도서관이 펼쳐가는 새로운 실험과 모험

<u>01</u> 메이커스페이스, 상상하고 만들고 실험하는 활력의 공간 ◆ 15

<u>02</u> 미디어 스페이스, 예측 불가능한 미래가 담긴 도서관 ◆ 31

<u>03</u> 좋은 도서관 하나가 쇠락한 지역에 활력을 불어넣을 수 있을까 ◆ 45

<u>04</u> 기술 혁신과 친환경 가치의 결합, 녹색 도서관을 꿈꾸다 ◆ 63

2장 성장과 교육의 중심에 선 도서관들

<u>05</u> 이 세상 어느 곳에서든 책 읽는 어린이는 아름답다 ◆ 83

<u>06</u> 어른 없는 아이들만의 공간, 트윈 세대 전용 도서관 ◆ 101

<u>07</u> 미국 청소년들의 핫 플레이스, 인기 만점 도서관을 찾아서 ◆ 119

<u>08</u> 평생교육의 최전선을 지키는 유럽의 도서관들 ◆ 131

<u>09</u> 공공도서관에도 학술 및 휴먼 데이터베이스가 필요하다 ◆ 151

3장 기록의 힘, 자료 보존의 힘

<u>10</u> 세상에서 가장 작은 나라에 있는 교황의 도서관 ◆ 167

<u>11</u> 중세의 보물 같은 빛을 품고 있는 수도원 도서관 ◆ 183

<u>12</u> 오늘날까지 이어져 내려오는 왕과 귀족의 도서관 ◆ 197

<u>13</u> 상류사회의 품격과 기품을 갖춘 회원제 도서관 ◆ 211

<u>14</u> 통치의 역사를 보존하고 공유하는 대통령 도서관 ◆ 225

<u>15</u> 인류의 지식과 자료를 관리하는 기록관 ◆ 241

4장 도서관, 문화와 예술을 온몸으로 품어내다

<u>16</u> 세계의 소도시에 있는 아름다운 도서관을 찾아서 ◆ 259

<u>17</u> 디자인이 돋보이는 세계의 대학도서관을 찾아서 ◆ 285

<u>18</u> 오로지 한 분야에 집중한 전문 도서관의 모습 ◆ 301

<u>19</u> 셰익스피어에 의한, 셰익스피어를 위한, 셰익스피어의 모든 것 ◆ 317

<u>20</u> 책은 불타버리고 빈 책장만 남겨진 도서관 ◆ 333

— 이 책에 언급된 도서관 관련 정보 ◆ 346

1장

도서관이 펼쳐가는
새로운
실험과 모험

◆

역사적으로 보면,
도서관은 시대의 변화와 이용자의 요구에 따라
끊임없이 진화하고 발전해왔다.
이번 장에서는 세계의 도서관들이 시도하고 있는
다양한 실험의 현장을 소개한다.
아직 우리 도서관에서는 낯선 풍경이지만,
해외의 도서관들이 진취적으로 그려가고 있는 미래다.

01

메이커스페이스,
상상하고 만들고 실험하는
활력의 공간

◆ 페이엣빌 공공도서관 Fayetteville Free Library (미국)

◆ 웨스트포트 도서관 Westport Library (미국)

◆ 채터누가 공공도서관 Chattanooga Public Library (미국)

◆ 마틴 루서 킹 주니어 기념 도서관 Martin Luther King Jr. Memorial Library (미국)

마틴 루서 킹 주니어 기념 도서관의 메이커스페이스.
책이 아닌 각종 장비들로 가득한 이곳은
도서관에 대한 고정관념을 과감히 뒤엎는다.

메이커스페이스^{Makerspace}는 다양한 재료를 이용해 누구든 원하는 것을 만들 수 있는 창작 공간이다. 도서관을 오로지 책과 결부시켜서만 생각해온 이들이라면, 도서관에서의 이런 활동이 상당히 의아할 것이다. 하지만 미국 공공도서관이 이제까지 해온 활동을 살펴보면 메이커스페이스는 터무니없는 개념이 아니다. 미국에서는 많은 공공도서관들이 책 만들기, 창의적 글쓰기, 공예 워크숍 같은 창작 관련 강좌와 서비스를 꾸준히 제공해왔기 때문이다.

메이커스페이스의 주인공은 도서관 직원이나 외부 초청 전문 강사가 아닌 지역사회의 주민들이다. 도서관은 새로운 기술을 교육하고 공간과 장비를 제공함으로써 이들을 색다른 경험의 세계로 인도한다. 이용자들은 메이커스페이스에서 자신의 믹서를 분해했다가 다시 조립하기도 하고, 자신이 쓸 물건을 직접 디자인해 제작하기도 하며, 3D 프린터를 이용해 뚝딱 생필품을 만들어내기도 한다. 이는 개별 작업에만 머물지 않는다. 공통의 관심사를 가진 이들이 모여 아이디어와 지식을 나누고 장비를 공유하면서 지역의 새로운 문화 공동체로 나아가기도 한다.

미국 공공도서관에서의 메이커스페이스는 단순한 아이디어에서 시작되었다. 시러큐스 대학에서 문헌정보학을 전공하던 대학원생 로런 스메들리Lauren Smedley는 자신이 드나들던 뉴욕주 북부의 페이엣빌 공공도서관Fayetteville Free Library에 3D 프린터를 들여놓자는 제안을 한다. 수 콘시딘Sue Considine 관장은 당시로서는 도서관과 무관해보였던 이 아이디어에 반해 그녀를 직원으로 채용한다. 메이커스페이스는 그렇게 공공도서관에 첫발을 내딛었다.

2011년 3D 컴퓨터를 도서관에 들여놓자 1만여 명이 거주하는 작은 마을 오논다가 카운티가 들썩이기 시작했다. 주민들은 새로운 기기를 구경하러 몰려들었고, 이 최첨단 기기 사용법을 배우기 위해 도서관에서 열리는 무료 강좌를 앞다투어 신청했다. 사용법을 익힌 이들은 평일에도 핸드폰 케이스나 장난감 칼 등을 만들겠다며 3D 프린터 앞에 줄을 섰다.

뜻밖의 열렬한 반응에 도서관도 분주해졌다. 3D 프린터에 이어 레이저 절단기, 전자 장비 키트, 각종 작업용 공구를 들여왔고, 라즈베리 파이 컴퓨터(영국 라즈베리 파이 재단에서 학교 컴퓨터 교육을 증진하기 위해 만든 싱글 보드 컴퓨터) 등도 사들이기 시작했다.

도서관 직원들은 신기술을 익히느라 혼란스러운 과정을 거쳐야 했다. 이용자가 사서에게 다가와 3D 프린터나 레이저 절단기의 사용법을 물어보면 답할 수 있어야 했으니 말이다. 직원들은 자발적

18

도서관으로 들어온 새로운 기기들. 왼쪽은 3D 프린터, 오른쪽은 라즈베리 파이 컴퓨터로, 메이커스페이스에서는 손쉽게 볼 수 있는 것들이다.

으로 기계와 장비의 기본 지식을 숙지해나갔고, 이들을 자유자재로 쓸 수 있을 뿐만 아니라 이용자들에게 사용법을 가르쳐줄 수준에 이르렀다. 도서관에서는 매달 전 직원이 참여하는 '메이커 포럼'이 개최되었다. 이 자리에서 직원들은 새로운 기기 사용법을 익혔고, 이용자들에게 어떤 서비스를 제공할지 결정했다.

콘시딘 관장은 도서관에서의 메이커 열풍이 당시의 경기 침체와 관련되어 있다고 보았다.

"2008년 거품 경제가 붕괴되고 사회 전반이 무너지면서 도서관은 이용자들로 붐비고 바빠지기 시작했어요. 그 와중에 창업을 도모하고 발명과 발견이 늘어가는 곳으로 도서관이 거듭나게 되었지요." 이용자들이 책을 읽기 위해서가 아니라 구직이나 신사업 정보를 얻기 위해 도서관을 찾았다는 것이다. 메이커 열풍은 바로 이러한 이용자들의 요구와 맞닿아 시작되었다.

이후 페이엣빌 공공도서관의 메이커스페이스는 성인 전용 팹 랩 Fab Lab, 청소년 전용 크리에이션 랩 Creation Lab, 어린이를 위한 리틀 메이커Little Makers로 확장·개편되었다. 팹 랩은 232제곱미터, 크리에이션 랩과 리틀 메이터는 각기 23제곱미터로 늘어났다. 이곳에서는 8명의 사서와 각종 교육을 받은 보조 직원들이 메이커스페이스의 안내 데스크를 지키며 순환 근무를 하고 있다(미국에서는 문헌정보학 대학원을 졸업한 사람만을 사서로 칭한다). IT 담당 직원도 따로 있어서, 이들이 장비의 유지·보수·수리를 담당하고 있다.

웨스트포트 도서관, 미니 메이커 페어와 만나다

미국 코네티컷주의 웨스트포트 도서관Westport Library에 메이커스페이스가 생기게 된 것도 우연이었다. 인터넷이 상용화되면서 많은 이들은 사전과 지도류 등을 멀리하기 시작했고, 정기간행물 역시 온라인 구독으로 전환되면서 이용률이 떨어지고 있었다. 웨스트포트 도서관은 참고 서적과 정기간행물이 있던 다섯 칸의 서가를 정리했고, 그렇게 열람실에 빈 공간이 생겼다.

2012년 4월, 웨스트포트 도서관은 지역사회의 요청으로 도서관 앞마당에서 '미니 메이커 페어Mini Maker Fair'를 개최했다. 100여 명가량이 참여할 것으로 예상했는데, 무려 2500여 명이 행사에 몰려들었다. 심지어 직접 만든 대형 잠수함을 가져온 이도 있었다. 이 행사가 큰 성공을 거두면서 도서관은 지역의 메이커 문화에 대해 다시금 생각하게 되었다.

다섯 칸의 서가가 사라진 날에도 맥신 블라이와이스Maxine Bleiweis

관장에게는 특별한 계획이 없었다. 그런데 열람실을 지나다가 지역의 발명가 조지프 쇼트^{Joseph Schott}가 네댓 살짜리 아이들과 함께 원목을 가지고 무언가를 만드는 모습을 목격했다. 다들 맨손이었지만 다친 아이는 아무도 없었다. 그 순간 블라이와이스 관장의 머릿속에서 메이커스페이스와 메이커 레지던스(메이커스페이스에 상주하는 발명가)라는 획기적인 생각이 떠올랐다.

때마침 그날은 도서관에 3D 프린터가 들어오는 날이기도 했다. 오후에는 고등학생 인턴이 봉사 활동을 위해 도서관을 찾아왔고, 그는 자연스레 이 도서관의 첫 3D 프린터 자원봉사자가 되었다. 처음에는 고등학생 1명이던 3D 프린터 자원봉사자는 이후 3명으로 늘어났고, 금세 30여 명이 되었다. 자원봉사자의 연령도 8세부터 50세까지 다양했다. 8세의 자원봉사자 어린이가 80대의 어르신에게 3D 프린터 사용법을 가르쳐주는 일도 벌어졌다. 메이커스페이스를 관리하는 빌 데리^{Bill Derry} 부관장은 "도서관이야말로 가르침의 전환이 일어나는 곳"이라는 말로 이러한 상황을 설명했다.

웨스트포트 도서관의 메이커스페이스는 열람실 한가운데 자리한 새로운 섹션으로, '제작, 조립, 놀이, 협업의 공간'을 꿈꾸며 2012년 7월에 문을 열었다. 이곳은 조지프 쇼트의 제안으로 초기의 항공기 격납고를 본떠 만들어졌다. 비행기를 발명할 당시에 그것은 곧 세상을 바꾸는 아이디어였다. 메이커스페이스 역시 정보의 시대에서 상상의 시대로 옮겨가는 공간으로 구상되었다. 또한 그곳은 혁신의 인큐베이터이자 새로운 사업을 개시하는 공간이기도 했다.

개방된 철골 구조에 벽을 살짝 감싸서 만든 메이커스페이스에는 노트북 컴퓨터와 5대의 3D 프린터를 비롯해 10여 대의 전자 기기가 비치되어 있다. 1.5미터 높이의 벽에는 메이커스페이스에 대한 각종 정보, 현재 진행 중인 프로젝트에 대한 설명과 사진이 잔뜩 붙어 있다.

메이커스페이스의 첫 번째 발명가였던 조지프 쇼트는 4.5미터 길이의 원목 비행기 2대를 제작해 열람실 천장에 전시했다. 이후 조시 버커Josh Burker는 메이키 메이키Makey Makey(회로 보드와 전선, 집게 클립을 써서 물건을 터치패드로 만들어주는 키트)를 이용해 새로운 악기를 만들었다. 전자 제품 마니아인 에드 칼린Ed Kalin은 하늘 전체를 동시에 촬영할 수 있는 전천全天 카메라All Sky Camera를, 목수인 존 맷책John Matchak은 원목 책상을, 미디어 아티스트인 밸럼 소토Balam Soto는 LED 조명을 결합한 디지털 퀼트를 이용자들과 함께 만들었다.

2012년에 시작된 미니 메이커 페어는 지금까지 해마다 계속되고 있다. 개인이 만든 기기와 컴퓨터 게임, 예술품 등 100여 개 이상의 창작물이 전시되며, 사람들은 이를 보기 위해 멀리서 일부러 찾아온다. 미니 메이커 페어는 코네티컷주에서 혁신 및 창의성과 관련한 가장 큰 행사로 자리 잡았다.

"아이디어의 교환은 도서관에서 줄곧 있어왔던 일이에요. 하지만 이제는 상상과 제조가 도서관의 새로운 방향이 될 겁니다." 데리 부관장의 말이다.

빨간 깃발이 꽂혀 있는 곳이 웨스트포트 도서관의 메이커스페이스. 사진의 오른쪽 벽면에 전시된 것이 LED 조명과 연결된 디지털 퀼트다. 천장에는 이곳의 첫 번째 발명가 조지프 쇼트가 제작한 원목 비행기가 하늘을 날아다니듯 떠 있다.

◆

❶ 메이커스페이스의 외관. 옆면 벽에는 각종 아이디어를 담은 포스트잇
이 잔뜩 붙어 있다.

❷ 2014년 10월 첫선을 보인 웨스트포트 도서관의 로봇 빈센트(빨간색)
와 낸시(파란색)가 어린이의 명령에 따라 중국 무술 시범을 보이고 있다.
이 로봇들은 19개 언어를 구사하며, 사람처럼 말을 하고 춤춘다.

❸ 2012년 미니 메이커 페어에 출품된 대형 잠수함. 각종 자재를 활용
해 만든 이 잠수함은 행사 내내 인기 만점이었다. ⓒWestport Library

포스 플로어, 신사업을 구상하는 인큐베이터

미국 테네시주의 채터누가 공공도서관Chattanooga Public Library은 본격적으로 메이커스페이스를 도입하고 나선 곳이다. 이곳은 이용자들의 발길이 뜸해지고 도서 대출마저 감소하면서 폐관 위기에 처해 있었다. 도서관 앞에는 이용자들보다 돈이나 담배를 구걸하는 노숙자들이 늘어나는 상황이었다.

2012년 3월, 이 쇠락해가는 도서관에 부임한 코린 힐Corinne Hill 관장은 도서관의 혁신을 선언했다. 그녀는 도서관 4층에 있는 오래된 가구와 문서로 가득한 창고 공간에 주목했다. 1300제곱미터에 이르는 넓은 공간에 고해상 스캐너, 3D 프린팅이 가능한 메이커봇, 레이저 절단기 같은 최첨단 장비를 들인 후 '포스 플로어4th Floor'라는 이름의 메이커스페이스를 열었다. 이곳에서는 공공 워크숍이나 친구들과의 프로젝트 작업을 할 수 있었다. 사업을 준비하는 이들을 위한 창업 공간도 마련되어 있었다. 포스 플로어는 지역사회를 위한 다목적 협력 공간이자 도서관에서 가장 인기 있는 장소가 되었다.

채터누가 공공도서관은 메이커스페이스를 통해 일종의 지렛대 효과를 거둘 수 있으리라고 보았다. 지렛대효과란 개인이나 기업이 타인의 자본을 지렛대처럼 활용하여 자기 자본의 이익률을 높이는 것을 말한다. 채터누가 공공도서관은 도서관이 보유한 공간과 기자재를 바탕으로 이용자가 무언가를 창작·창안해내고, 이를

채터누가 도서관에서는 여름방학마다 청소년 코팅 캠프가 열린다.
ⒸChattanooga Public Library

통해 이용자가 수익을 거두면서 동시에 그것이 지역사회에 환원되기를 바랐다.

메이커스페이스의 책임자인 멕 배커스Meg Backus는 채터누가 공공도서관에 오기 전에 뉴욕주 오논다가 카운티 공공도서관의 프로그램 코디네이터로 일했다. 이때 그는 '도서관 농장Library Farm' 프로젝트를 제안해 성공적으로 추진한 바 있다. '도서관 농장'은 도서관 소유의 공터를 도서관 이용자에게 대여해주고 유기농 작물을 재배하도록 하는 지역 공동체 정원 가꾸기 프로그램이다.

채터누가 공공도서관으로 자리를 옮겨와서 메이커스페이스라는 또다른 도전을 시도하고 있는 배커스는 포스 플로어를 상상력과 기술력, 고된 노동과 충분한 지원이 결합된 독특한 활동 공간이라고 설명했다. 그녀는 도서관이 더 이상 자료를 보관하고 책 읽는 곳에만 머물러선 안 된다고 보았다. 도서관이 비디오나 웹 사이트 제작 기술을 알려주고, 3D 파일을 만드는 소프트웨어를 이용할 수 있는 생산적인 협력 공간이 되어야 한다는 것이다.

이를 위해 채터누가 공공도서관은 컴퓨터 기술, 그래픽 디자인, 프로그래밍 같은 기술 분야의 전자책 장서와 온라인 강좌를 제공한다. 이용자들은 포스 플로어에서 3D 프린터를 이용해 새로운 물품을 만들고, 자신만의 마이크로 컨트롤러(전자 제품의 작동을 제어하는 비메모리 반도체)도 제작한다. 또한 새로운 콘텐츠를 창작·소비하는 데서 한 걸음 더 나아가 새로운 사업을 시작하는 이들에게 인큐베이터 역할을 하기도 한다. 즉 도서관이 공식 제품의 발매 전에 제품의 최종 상태를 점검해보는 '베타 랩'의 역할까지 맡고 있는 것이다.

팹 랩, 더 나은 것을 위해 부수는 환상적인 실험실

메이커스페이스는 각각의 도서관이 마주한 현실과 시대 상황, 그리고 이용자들이 가진 관심의 변화에 귀 기울이며 도서관이 만들어낸 공간이다. 이러한 메이커스페이스 중에서 나에게 가장 인상적이었던 곳은 워싱턴 D.C.에 있는 마틴 루서 킹 주니어 기념 도서관Martin Luther King Jr. Memorial Library의 제조 실험실, 패브리케이션 랩Fabrication Lab이다. 줄여서 '팹 랩'이라 불리는 이곳은 2015년 5월 29일 문을 열었는데, 83제곱미터 규모로 3D 프린터, 3D 스캐너, 레이저 절단기를 비롯해 정밀하게 기계를 만들 수 있는 컴퓨터 수치 제어^{computer numerical control} 기기까지 갖추고 있다. 테크놀로지에 관심이 많은 사서들과 함께 이 분야의 자격증을 가진 많은 직원들이 팹 랩을 이끌어가고 있다.

팹 랩의 철문 입구에는 내부 상황을 실시간으로 보여주는 컴퓨터 스크린이 있다. 그 옆에는 이곳에서 자체 제작한 것으로 보이는, 'Fab Lab'이라고 새겨진 원목 명판이 걸려 있다. 내가 도서관에 방문했을 때는 때마침 오리엔테이션 강좌가 진행 중이었다. 공공도서관에서 각종 기계를 구비해둔 후 그 사용법을 가르쳐주는 것도 흥미로웠지만, 좁은 실험실을 가득 메우고 있는 수강생들이 더욱 인상적이었다.

기계와 공구를 주로 사용하는 하이테크 강좌여서 남성이 주를 이룰 것이라는 나의 예상과 달리, 강의를 이끌어가는 강사도 여성이었고 수강생의 절반가량도 여성이었다. 강의가 진행되는 와중에도 옆에서는 다른 작업을 하는 이들이 있었다. 컴퓨터 앞에 앉아 진지하게 디자인에 몰두하고 있는 여성도 있었고, 3D 프린터로 소음을 내며 개인 작업을 하는 이들도 서너 명 있었다. 물론 이런 소음에 개의치 않고 내용을 하나도 놓치지 않겠다는 듯 열심히 메모를 해가며 강의를 경청하는 수강생들의 열기는 매우 뜨거웠다.

13세 이상의 도서관 회원이면 누구든 팹 랩의 공간과 장비를 이용할 수 있고, 디자인 프로젝트에도 참여할 수 있다. 하지만 팹 랩을 이용하기 전에 '건강과 안전 관련 정보'를 제공하는 오리엔테이션 강좌에 반드시 참석한 뒤 서류에 서명해야 한다. 또한 레이저 절

❶ 한창 오리엔테이션 강좌가 진행 중인 팹 랩.

❷ 한쪽에서 강좌가 진행되고 있지만, 다른 한쪽에서는 열심히 디자인 작업에 몰입해 있는 이용자가 있다.

❸ 팹 랩 이용자들이 레이저 절단기를 이용해 만든 작품들.

단기, 3D 프린터, 컴퓨터 수치 제어 기기, 디아이와이어^{DIWire}(철사를 원하는 모양으로 구부려주는 장치) 같은 전문 장비를 사용하려면, 별도의 오리엔테이션 강좌를 수강한 후 일종의 자격증을 받아야 한다. 공간은 무료로 쓸 수 있지만 재료는 각자 준비해야 하며, 3D 프린터를 이용할 때는 아주 소액의, 명목상의 비용을 지불해야 한다.

그런데 문득 의문이 들었다. 일반인에게 고가의 장비를 이용하게 하는 것이 위험하지는 않을까? 기계가 고장이라도 난다면? 금세 유행이 지나 구식이 되어버린 기계에 사람들의 관심이 없어진다면? 전문 인력이 상시 대기하지 않으면 기계는 사용되지 않고 실험실도 쓸모없는 공간이 되어버릴 텐데, 공간 구성과 장비 설치, 전문 인력 배치 등이 자칫 무모한 투자가 되는 건 아닐까? 쉴 없이 연이어 떠오르는 나의 우려에 답이라도 하려는 듯, 나를 안내해주던 직원이 침묵을 깨고 말을 건네왔다.

"우리 실험실의 모토는 '더 나은 것을 위해 부순다'입니다. 우리가 실수하고 실패하리라는 걸 도서관 관리자 분들도 알고 있어요. 하지만 새로운 테크놀로지를 익히고 참신한 아이디어를 시도해보는 과정에서 사람들은 무언가를 깨닫게 됩니다. 새로운 걸 배운다는 건 정말 흥미진진한 일이잖아요!"

미디어 스페이스,
예측 불가능한
미래가 담긴 도서관

◆ 도켄Dokk1 (덴마크)

바로 지금의 이용자를 위한 것이면서

동시에 미래의 쓰임새를 염두에 두고 만든 도서관은 어떤 모습일까.

덴마크의 도서관 도켄은 바로 그러한 고민을 담고 있다. ⓒDokk1

세계의 수많은 도시들은 기존의 도서관을 잘 유지해가면서도 새로운 가치와 비전을 담은 도서관을 신축하곤 한다. 덴마크에서 두 번째로 큰 도시인 오르후스에 건설된 도켄Dokk1 역시 그러한 경우다.

도켄은 '부두 1번지'라는 뜻인데, 그 이름에서부터 항구도시의 느낌이 물씬 풍긴다. 이 건물은 항구도시 재개발 프로젝트인 '어번 미디어 스페이스Urban Media Space'의 일환으로 건립되었다. 공사 전체에 21억 크로네(한화로 약 3665억 원)의 건축비가 소요된, 오르후스 건축 역사상 가장 규모가 큰 프로젝트였다. 설계는 덴마크의 왕립도서관 신관인 '블랙 다이아몬드' 설계로 명성을 얻은 슈미트 함메르 라센 아키텍츠Schmidt hammer lassen architects에서 맡았다. 2011년 6월 첫 삽을 뜬 후 2015년 6월 20일 개관했으며, 내부에는 오르후스의 메인 도서관 외에 시의 공공서비스 시설, 각종 행사를 위한 대극장과 소극장, 민간 기업, 자동화 주차장 등이 들어와 있다.

도켄은 총 4층 건물로 지상 1층(Level 0)은 마치 지하실처럼 설계되어 있고, 엘리베이터나 콘크리트 계단을 이용해 올라가면 단 위로 3층짜리 건물(Level 1~3)이 있다. 단 위의 두 개 층은 전면 통유

도켄은 덴마크 오르후스를 대표하는 새로운 랜드마크다. 삼면이 바다로 둘러싸인 부지에 다각형 건물
이 뻗어 있어 앞뒤 구분이 어렵지만 웅장하면서도 진취적인 느낌을 자아낸다. ⓒDokk1

리 벽으로 둘러싸인 도서관이며, 단행본, 전자책, 오디오북, 잡지, 음반, 게임용 소프트웨어 등 35만여 점의 자료가 소장되어 있다. 실제 건물을 보면, 삼면이 바다와 연결되어 있는 부지에 다각형 건물이 뻗어 있어 앞뒤 구분이 어렵지만 웅장하면서도 진취적인 느낌을 준다.

아이와 어른이 함께하는 거대한 놀이터 도서관

도서관을 둘러보면서 가장 먼저 눈길을 사로잡은 것은 곳곳에 있는 놀이 시설이었다. 이런 시설이 갖춰진 덕분인지 아이를 태운 유모차를 끌고 온 사람들이 많았다. 수유실과 유모차 주차 공간이 따로 있을 뿐만 아니라 유모차를 끌고 다니기에 불편함이 없을 만큼 실내 통로가 넓었으며, 유아를 위한 장난감도 잘 구비해두고 있었다.

유아뿐만 아니라 어린이를 위한 시설과 놀이 기구도 많았다. '게임 거리Gaming Gaden'에는 다양한 아동용 게임이 설치되어 있었고, 방음 장치가 된 '상자Æsken'에서는 아이들이 마음껏 떠들며 뛰노는 모습이 보였다. '어린이 실험실BørneLab'에서는 4~8세 아이들이 낱말 카드를 가지고 게임을 하고 있었다. 9~12세 아이들을 위한 공간인 '트윈스랩TweensLab'도 있었다. 도서관에서 자유로워 보이는 아이들의 모습이 상당히 인상적이었다.

아이들을 위한 레크리에이션 시설은 도서관 밖에도 갖춰져 있다. '지구 The Globe'라고 불리는 7.5미터 높이의 넓은 갑판에서는 길을 따라가면서 글과 그림으로 된 힌트를 참조해 '지구 여행'이라는 게임을 할 수 있다. 내부로 올라가 미끄럼틀처럼 내려올 수 있는 러시아 곰, 모험을 시도해볼 수 있는 중국 용, 위용 당당한 미국 독수리도 아이들을 반겨준다.

도켄에서의 놀이는 학습이나 교육의 도구가 아니다. 그것은 문학이나 예술과 동급 수준의 문화 활동으로 간주되고 있었다. 도켄이 어린이의 학습을 중시하는 전통적인 어린이 도서관과 차별되는 지점이기도 하다. 바로 이러한 점 때문에 도켄은 가족 단위의 이용자들을 끌어들이는 데 성공한 듯하다. 이곳에는 어린이와 보호자가 함께할 수 있는 공간과 프로그램 역시 다양하게 구비되어 있다. 아이들끼리뿐만 아니라 아이와 어른이 함께 어울리며 대화하고 놀고 무언가를 만들 수 있는 곳이 여럿 조성되어 있다. 별도로 마련된 '가족 라운지 Family Lounge'에서는 많은 가족들이 보드 게임을 하고 소리 내어 책을 읽기도 한다.

도서관 구석구석이 이용자에게 상상력을 불러일으키며 자연스럽게 그들의 신체적 활동을 장려한다. 주위를 탐험하게 하고, 환경에 도전하게 하고, 그 때문에 다시 찾아오고 싶게끔 만든다. 아이든 어른이든 상관없이 다른 사람과 자연스럽게 어울려 놀고, 차 한 잔을 마시며 쉬기도 한다. 이 도서관이 아이와 청소년, 그리고 어른 모두를 위한 거대하고 독특한 놀이 공간이라고 말한다면 지나치게 과장된 표현일까?

◆

도켄은 기존의 도서관과는 달리 아이와 어른이 함께 즐길 수 있는 거대
하고 독특한 놀이 공간처럼 보인다. 그렇다면 이곳은 도서관일까, 놀이
공간일까? 어쩌면 미래 도서관의 한 단면을 보고 있는 것은 아닐까? ◦
Dokk1

◆

❶ 오르후스에서 아이가 태어날 때마다 울리도록 설계된, 키르스티네 로엡스토르프의 작품 〈공〉. 종소리가 들리면 사람들은 새로운 생명의 탄생을 축하해준다.

❷ 자동화 주차장에서 바라본 〈마술 버섯〉의 모습. 마치 이국적인 미래 도시를 그려낸 듯한 작품이다. ⓒDokk1

도켄에서는 오르후스에서 아이가 태어날 때마다 종을 울린다. 새로운 생명의 탄생을 알리는 이 종은 도켄의 2층과 3층을 연결하는 내부 계단 근처, 천장 채광창 아래에 걸려 있다. 지름 80센티미터, 높이 7.5미터의 거대한 청동 튜브 모양 종은 무게가 3톤이나 나간다. 이는 덴마크의 예술가 키르스티네 로엡스토르프Kirstine Roepstorff의 작품, 〈공The gong〉이다. 오르후스 대학병원 산부인과 분만실에서 아이가 태어나면 부모가 병원에 설치된 버튼을 누르고, 그 신호가 도서관으로 전해지면서 〈공〉의 소리가 도켄 전체에 울려 퍼진다. 종소리가 들리면 사람들은 발걸음을 멈추거나 하던 일을 중단하고서 새로운 생명의 탄생을 축하한다.

도서관에는 무심코 지나칠 수 없는 거대한 예술 작품이 또 하나 있다. 건물 1층의 한가운데, 넓고 경사진 천장을 거꾸로 채우고 있는 〈마술 버섯Magic Mushrooms〉이 바로 그것이다. 가로 11미터, 세로 29미터, 높이 2미터의 이 장대한 작품은 도로와 주차장, 고층 빌딩으로 이루어진 이국적인 대도시가 환하게 빛나는 모습을 사실적으로 생생하게 표현해냈다. 오르후스의 미래를 그린 듯한 환상적인 작품으로, 인테리어로도 손색이 없다.

예술 작품은 아니지만 이용자의 눈길을 끄는 거대한 기기도 있다. 대출 자료를 도서관에 돌려줄 때 이용하는 자료 반납기다. 기계에 반납된 자료는 컨베이어 벨트를 따라 1층으로 운반되고, 그곳에

이용자들이 대출한 도서를 돌려줄 때 이용하는 자동 반납기. 반납 자료가 컨베이어 벨트를 타고 이동, 분류되는 모습도 볼 수 있다.

있는 자동 분류기를 통해 나눠진다. 1층에서는 유리 창문을 통해 각종 자료들이 분류되는 과정을 지켜볼 수 있다. 사람의 손으로 하던 일을 기계가 대체해 실행하는 과정을 누구나 살펴볼 수 있는 것이다.

한편 도켄은 모든 이용자들이 쉽고 편리하게 찾아올 수 있도록 설계되었다. 1층에는 경전차가 정차하는 트램 역이 있고, 자동차뿐만 아니라 자전거와 유모차를 주차할 수 있는 곳도 따로 마련되어 있다.

도켄의 자랑 중 하나는 유럽 최대 규모의 최첨단 자동화 주차장을 갖추고 있다는 것이다. 지하에 있는 이 주차장에는 1000여 대의 차량을 동시에 주차할 수 있다. 이용자가 주차장 입구에 차를 세운 뒤 티켓을 발급받으면 차가 건물 안에 자동으로 주차되는 시스템이다. 유사한 주차 타워 시스템은 예전부터 있어왔지만, 도켄의 자

도켄의 시민 서비스 데스크. 도서관 이용자들은 이곳에서 생활에 필요한 각종 정보를 얻고 안내를 받을 수 있다.

동화 주차장은 유럽 최대 규모로 완전한 자동화를 이뤘다는 점에서 차이가 있다.

시민들이 궁금한 점을 물으면 해결책을 찾아주는 도켄의 시민 서비스도 주목해볼 만하다. 이곳에서는 건강보험, 여권 취득, 운전면허, 혼인신고, 주택 구입 시의 혜택, 양육 혜택, 아동 주간보호 센터 등록 등과 관련한 정보를 얻고 안내를 받을 수 있다. 덴마크의 주민등록번호라 할 수 있는 시민등록번호Civil Registration Number도 이곳에서 부여받을 수 있다. 시민등록번호는 덴마크에 거주하는 사람이라면 외국인도 신청 가능하며, 이 번호가 있어야만 은행 계좌를 개설하거나 의료 혜택을 받을 수 있다. 통상적인 도서관에서는 제공하지 않는 서비스인데, 2016년 통계에 의하면 도켄 이용자의 10퍼센트가 시민 서비스를 이용하기 위해 이곳을 찾았다고 한다. 다양한 서비스가 시민들을 도서관으로 적극 끌어들인 셈이다.

도서관 건물을 짓고 공간을 구성할 때는 최소한 향후 100년간의 이용을 고려하면서 그 쓰임새를 상정한다. 이용자의 필요와 요구가 유지되리라는 전제하에 공간을 층과 실로 나누고, 내부를 어떤 콘텐츠와 가구로 채울지 결정한다. 하지만 미디어의 발전과 컴퓨터를 비롯한 전자 기기의 발달 속도를 생각해본다면 도서관 설계는 시작부터 문제에 봉착할 수밖에 없다.

현재의 기능과 기술에 중점을 둔 공간 구성과 전자 기기 중심의 콘텐츠 투자는 막대한 예산 투입에도 불구하고 차후 건물과 공간이 무용화되어 처리하기 힘든 고철 쓰레기 더미를 양산하는 결과를 가져올 수 있다. 그럼에도 불구하고 도서관으로서는 동시대 이용자의 요구를 수용하고 담아내야 하는 책무가 있다. 도켄은 이처럼 도서관의 역할이 급변하는 시기에 현재와 미래를 동시에 고민하면서 도서관이 어떠해야 하는지에 대한 생각을 오롯이 펼쳐 보이고 있다.

도켄이 제시한 해결책은, 자료를 소장하고 정보를 교류하는 장소를 넘어서 인간과 미디어의 변화를 모두 포용하는 가변적 환경을 만들어내는 것이다. 이용자의 연령, 직업, 관심사와 무관하게 다양한 사람들이 만나고, 지식을 교류하고 공유하며, 사람과 문화를 이어주는 지역 공동체의 공간으로 도서관을 상정한 것이다. 이용자들 사이의 협력과 네트워킹을 통해 새로운 시민 문화를 창조하

◆

도켄에 있는, 아이들을 위한 몬스트룸(monstrum). 몬스트룸은 아이들이 스토리텔링을 하며 뛰놀 수 있게 만든 것으로, 단순한 놀이 기구가 아니라 이를 통해 새로운 놀이를 창조하고 관계와 맥락을 형성해가는 것을 지향한다. 도켄이 품고 있는 미래를 향한 꿈 또한 이렇지 않을까. ⓒ Dokk1

는 무한한 가능성의 공간, 그것이 바로 도켄의 제안이다.

예를 들면, '열린 광장Torvet'에서는 각종 전시회나 행사가 열린다. '모퉁이Hjørnet'나 '무대 계단Scenetrappen' '트윈스Tweens'에서도 어린이와 가족을 위한 각종 행사와 모임이 진행된다. 이러한 공간은 행사장으로 정례화된 것이 아니다. 행사가 없을 때는 이용자들이 쉬거나 책을 읽을 수 있는 곳으로 탈바꿈된다.

건물 북쪽의 '변형 공간transformation space'은 도서관 외부 파트너들의 협력으로 만들어지는, 일시적이지만 더욱 실험적인 공간이다. 이용자들은 여기에서 자신의 아이디어를 실험해볼 수 있고, 파트너 회사나 연구자와의 교류를 통해 연구 기록을 만들어 후속 작업을 해나가기도 한다. 이런 식으로 도서관 어디에서나 메이커 페어가 벌어지고, 도서관의 모든 곳이 메이커스페이스가 된다.

미래란 아직 오지 않은 내일이기에 예측 불가능하다. 하지만 그것이 무엇이든 수용할 수 있도록 문을 활짝 열어두겠다는 미래 접근형 개방 공간이 바로 도켄이다. 공간의 개방성, 이용의 다양성, 매체의 적용성, 그리고 사람들 간의 상호작용이 도켄이 새롭게 불어넣고자 하는 도서관의 가치다. 그러하기에 이곳은 도서관 자체가 하나의 거대한 매체인 미디어 스페이스Media Space다. 국제도서관협회연맹IFLA은 2016년 도켄을 '올해의 공공도서관'으로 선정했다.

좋은 도서관 하나가
쇠락한 지역에
활력을 불어넣을 수 있을까

◆ 페컴 도서관 Peckham Library (영국)

◆ 올드 마켓 도서관 Old Market Library (태국)

◆

영국 빈곤층 거주지에 있는 페컴 도서관의 야경.
쇠락한 지역의 도서관이 사진에서 흘러나오는 불빛처럼
지역 주민들에게 하나의 희망이 될 수 있을까.

전 세계의 많은 도시들에서 도서관은 도시를 구성하는 기본적인 시설로 자리하고 있다. 이에 인구 감소, 산업구조 변화, 주거환경 노후화 등으로 쇠락해가는 도시를 되살리기 위한 교두보로 도서관이 활용되기도 한다. 지역 역량을 강화하고 지역 자원을 활용하거나 새로운 기능을 도입함으로써 경제적·사회적·물리적·환경적으로 도시를 활성화하는 도시 재생 사업의 중심에 도서관을 놓는 것이다.

언론에서는 이런 해외 사례들에 대해 요란스러운 보도를 내보내곤 한다. 그런데 그 실제는 어떠할까? 정말로 도서관 하나가 건립되면서 지역 재개발 프로젝트가 성공하고, 범죄나 반사회적 행위가 감소하며, 낙후된 지역 이미지가 개선될 수 있을까? 프로젝트가 실행된 지역의 주민들은 자신의 삶 속에서 이 도서관을 어떻게 받아들이고 있을까? 무엇보다도 교육과 학습의 기회가 적었던 이들의 삶은 도서관을 통해 더욱 나아졌을까? 이러한 궁금증을 풀기 위해, 도시 재생을 내세우며 도서관 건립을 추진했던 두 지역에 직접 찾아가보았다.

2000년 3월 영국 런던의 빈곤층 거주지에 페컴 도서관Peckham Library이 문을 열었을 때 많은 이들은 이 도서관의 탄생에 열광적인 반응을 보였다. 영국 정부가 추진한 도시 재생 프로젝트의 성공이라며 전 세계의 주목을 받았고, 파격적이고 독특한 건물 디자인은 각종 언론의 지면을 화려하게 장식했다.

1990년대에 서더크는 런던 남부의 가장 낙후된 지역구였고, 그중에서도 페컴은 최악의 지역이었다. 주민들은 가난했고 실업률이 높았으며 중등교육자격시험GCSE(영국의 16세 학생들이 치르는, 중등교육 이수를 평가하는 국가 검정 시험) 합격률은 영국 전체 평균의 3분의 1에 불과했다. 그런데 이 지역에 건립된 도서관 덕분에 도서관 이용자가 늘면서 지역의 범죄율이 줄었고 슬럼화 현상도 둔화되었다는 보도가 이어졌다.

사실 궁금한 것은 화려한 언론 보도가 이어진 후의 도서관이었다. 실제로 페컴 도서관은 황폐한 도심 지역의 재생 프로젝트에 촉매제 역할을 해주었을까? 지속적인 재정 지원으로 여전히 이 도서관은 내실 있게 잘 운영되고 있을까? 딱딱하고 재미없는 도서관 디자인의 통념을 깨부수며 사람들의 이목을 집중시켰던, 당시로서는 도서관 건축의 역사를 바꾸었다는 칭송까지 받았던 건물이, 혹여나 세월이 흐른 지금에 와서는 처치 곤란한 흉물로 남아 있는 건 아닐까?

◆

2000년 런던의 낙후된 지역에 지어진 페컴 도서관은 도서관을 중심으로 한 도시 재생 사업의 성공 사례로 큰 주목을 받았다. 또한 통상적인 도서관 건물과는 다른 독특한 건물 디자인으로도 많은 이들의 관심을 끌었다. ‹ Mcginnly

실제로 나는 철근과 콘크리트로 만들어진 회색 건물이나 붉은 벽돌로 쌓아올린 무미건조하고 반듯한 건물을 도서관으로 여기는 게 익숙한 사람이다. 그러했기에 페컴 도서관의 특이한 건물이 뿜어내는 기운은 나에게 생소함을 넘어서서 당혹스러움까지 불러일으켰다.

건축가는 건물을 디자인하면서 주변과의 조화를 염두에 둔다고 한다. 그런데 페컴 도서관은 주변 건물이나 환경과 전혀 어울리지 않는 재료와 형태로 건축되었다. 콘크리트 기본 틀에 강철과 유리로 벽을 만든 후 그 위에 녹색의 동棟을 얹어놓은, 'ㄱ'자를 돌려 세운 형태의 건물이다. 건물 정면에서 보면 공중에 떠 있는 동을 철제 기둥들이 떠받치고 있다. 건물 위에는 불규칙적인 철망이 흘러내린다. 평범한 사람의 눈에는 분명 아슬아슬하면서도 위태로워 보이는 건물이다.

건물 뒷면은 벽면 전체를 노란색, 주홍색, 녹색, 분홍색, 파란색 패널이 뒤덮고 있다. 건물 꼭대기에는 주황색 베레모 같은 것이 놓여 있는데, 다소 엉뚱해 보이는 이 설치물은 단순한 장식이 아니라 환기구이자 그늘을 만들기 위한 실용적인 장치라고 한다. 이는 햇빛으로 인해 도서관의 실내 온도가 올라가는 것을 막아주는 역할을 한다. 페컴 도서관은 에어컨 시설이 없다. 하지만 수동 냉각 효과를 이용해 내부 온도를 조절하고 자연 차양을 이용해 환기를 함으로써 쾌적한 환경을 유지하면서 에너지 효율을 높여 건물 운영비를 절감하고 있다.

페컴 도서관을 설계한 건축가 윌 올솝. 도서관 곳곳에서 그의 독특한 구상이 어떻게 실현되었는지를 엿볼 수 있다. ⓒ Malcolm Crowther

이 특이한 건물의 정면 왼쪽 끝에는 영문 대문자로 'LIBRARY'라는 표지가 돌출되어 달려 있다. 이 표지가 없었다면 아마도 이곳을 도서관으로 생각하기 어려웠을 것이다.

눈에 띄게 두드러지는 독특한 외관만큼이나 이 도서관의 인테리어도 특이하다. 페컴 도서관을 설계한 건축가 윌 올솝Will Alsop은 다양한 색깔과 대담한 형태, 특이한 양식을 도서관 내부에 선보인다. 특히 4층 열람실에 있는 파드pod(비행기, 선박, 우주선 등의 본체에서 분리 가능한 공간)는 올솝의 유쾌한 상상력이 돋보이는 공간이다. 파드는 비스듬한 철제 기둥들에 의지해 공중에 둥둥 떠 있는 버

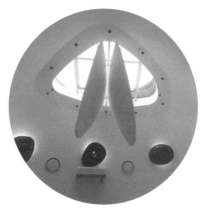

◆

❶ 4층 열람실에 있는 파드의 외관. 건축가의 유쾌한 상상력이 돋보이는 공간이다. ⓒ Mcginnly

❷ 파드 내부의 천장. 나비 날개처럼 생긴 문이 달려 있고, 이 사이로 빛이 들어온다.

섯 형상의 조형물로, 조형물 아래가 열람실로 사용되는 4층이고 이 조형물 안쪽이 5층이다. 세 개의 독립된 파드는 각각 열람 공간, 프로그램실, 어린이 열람실로 사용된다. 어린이 열람실은 올솝의 유쾌하고 익살스러운 장난기가 특히 돋보이는 공간이다. 천장에서는 마치 나비가 날개를 폈다 접었다 하듯이 문이 열리고 닫히면서 환한 하늘빛이 내부를 비춘다.

페컴 도서관은 아프리카와 카리브해 관련 자료를 지역에서 가장 많이 보유한 도서관으로 정평이 나 있다. 이는 페컴의 주민 상당수가 흑인과 중남미계 이주민인 것을 고려해 도서관이 장서의 개발 방향을 설정한 덕분이다. 이외에도 수많은 아프리카 음반을 비롯해 전 세계 영화를 모은 DVD, 각종 만화책도 다량 구비하고 있다. 도서관은 영·유아, 어린이, 청소년, 성인, 노인 등 다양한 연령대별 프로그램을 제공하며, 독서, 공예 및 예술, 컴퓨터, 댄스 및 스포츠 등의 활동도 장려한다. 2014년에는 1만여 권의 장서를 새로 사들이고, 자동 자료 반납기를 구매하고, 연구 공간을 확장하는 등 도서관에 대한 투자도 줄곧 이어지고 있다.

주민들의 자랑으로 자리 잡으며 지역에 활력을 불어넣다

도서관 앞의 넓은 터는 페컴 광장으로 이어지며, 지역 주민을 위한 열린 공간으로 사용된다. 정문 앞에서는 청소년들이 탁구 시합을 즐기고, 광장에서는 주민들이 자전거와 인라인 스케이트를 타며, 주말이면 이곳에서 각종 공연이 펼쳐진다. 페컴 도서관 안팎을 이용하는 이들을 둘러보니, 이 도서관이 지역의 재생에 커다란 역할을 하고 있음은 분명해 보였다.

페컴 도서관은 개관 이후로도 여전히 이용자들로 붐비며 세대를 초월해 모든 연령대의 이용자들이 즐겨 찾는 곳이다. 다른 도서관과 비교해 페컴 도서관은 전 연령대에서 이용률이 높게 나오며, 특히 15~17세의 청소년 이용률은 다른 도서관의 3배에 이른다. 이에 대해 페컴 도서관 사서는 공간이 넉넉하며 지역 주민들이 이곳에 애착심을 가지고 있기 때문이라고 설명했다. 주민들이 도서관에 대한 주인 의식을 갖고 있으며 도서관을 매우 자랑스러워한다는 것이다.

물론 지역 주민들이 페컴 도서관에 불만이 없는 것은 아니다. 구내식당이나 카페가 없다는 점, 주차장이 부족하다는 점 등 세상의 많은 도서관들에 제기되는 민원이 페컴 도서관에도 들어온다. 도서관 건립 초기에는 엘리베이터를 타고 올라가야만 하는 4층에 열람실이 있어서 불편하다는 비난과 함께 이용률이 떨어질 것이라는 우려도 있었다. 하지만 지금은 4층 열람실에 올라가면 런던을 한눈에 조망할 수 있다는 점이 오히려 페컴 도서관의 성공 요인으로 꼽힌다. 어떤 이들은 이 도서관의 특이한 건물을 여전히 기이하고 흉물스럽게 여기지만, 또다른 이들에게 그것은 지역의 랜드마크이면서 동시에 재미있고 자랑스러운 것이기도 하다.

엇갈리는 의견들이 있지만, 그럼에도 페컴 도서관은 서더크 지역 12개 도서관 가운데 가장 인기 있는 곳으로 자리 잡았다. 이러한 대중적 인기에 힘입어 페컴 도서관은 영국 도서관으로는 최초로, 2000년 영국의 권위 있는 건축상 중 하나인 영국왕립건축가협회의 스털링 상을 받기도 했다. 영국왕립건축가협회는 현대 건축에서 건물의 기능과 스타일을 중시하는 곳인데, 스털링 상 심사위원회가 이 허세 가득한 건물에 상을 수여한 이유를 들어보면 상당히 재미있다.

"페컴 도서관은 도서관을 그다지 좋아하지 않는 세대의 마음을 사로잡았습니다. 지역 젊은이들을 매일 도서관으로 모여들게 만든 겁니다. 좋은 건물이란 이용자에게 사랑받는 건물입니다. 결국 페컴 도서관은 당신을 미소 짓게 할 거예요."

이 도서관은 특이하고 재미있으며 친환경적이기까지 하다. 도서관 건물에 대한 기존의 통념을 바꾸고 잠들어 있던 감각을 일깨우면서 도서관에 대한 관심을 불러일으킨다. 호기심이 많지 않거나 책 읽기를 싫어하는 사람이더라도 이 도서관에는 한 번쯤 들어가 보고 싶어지는 것이다. 어쨌든 건물 디자인만으로도 어떤 이용자들을 즐겁게 해줄 수 있다면, 그것으로 충분히 칭찬할 만한 일이 아닐까?

사족으로 덧붙이자면, 페컴 도서관에 대한 격찬과 놀랄 만한 성공에도 불구하고 올솝은 이후에 다른 도서관을 설계해달라는 요청을 받은 적이 없다고 한다. 이 실험적인 괴짜 건축가가 다음 도서관을 짓는다면 과연 어떤 모습일까. 모두들 궁금하지 않은가.

이번에는 도시 재생과 관련해 화제가 되었던 또다른 도서관의 사례를 살펴보자. 1990년대 말까지만 해도 태국 방콕의 민부리 재래시장은 상업 중심 지역이었다. 하지만 한순간의 화재가 이곳을 무너뜨렸다. 시장은 근방의 운하 반대편으로 이전했고, 번창하던 상가는 인적 없는 공터로 변했다. 사람들은 토지 소유권이 불분명한 민부리에 투자하기를 주저했다. 지역 주민들은 일자리를 잃어갔고, 각종 복지 혜택도 누릴 수 없었다. 민부리 지역은 황폐화되었고 도시 빈민 지역으로 전락했다.

지역 공동체에서는 재래시장을 재건하는 일이 시급하다고 뜻을 모았다. 주거지와 환경을 고민하는 지역 건축가 모임인 케이스 스튜디오CASE Studio와 젊은 노르웨이 건축가 그룹인 티와이아이엔 테인에스투에 아키텍츠TYIN Tegnestue Architects에 재래시장의 보수 작업이 맡겨졌다. 이들이 머리를 맞대고 고민한 끝에 내린 결론은 지역 사회를 창의적이고 혁신적인 플레이그라운드로 변모시키는 작업을 해야 한다는 것이었다. '올드 마켓 도서관 프로젝트', 즉 재래시장의 도서관 건립 프로젝트는 그렇게 시작되었다.

이 프로젝트는 주민들에게 호기심과 기대를 불러일으켰다. 도면이 그려지고 건축 모형이 만들어지는 과정을 지켜본 민부리 주민들은 이 프로젝트에 관심을 보이면서 적극 동참했다. 디자인이 마무리되자 많은 주민들이 힘을 보태겠다고 나섰다. 나이를 불문하고 모두들 적극적으로 나서서 건축 과정에 참여했다. 지역을 되살리겠다는 마음과 미래에도 지속 가능한 도서관을 만들겠다는 의욕을 품고 주민들은 이 프로젝트에 혼신의 힘을 쏟았다.

이질적인 그룹이 함께 작업한다는 것은 사실 쉬운 일이 아니다. 하지만 사용하는 언어부터 다른 사람들이 모여 진행한 이 프로젝트에서 의사소통은 큰 문제가 아니었다. 재래시장을 재건하고 도서관을 세우겠다는 의지가 언어의 장벽을 극복하는 열쇠가 되었다. 각자의 공헌을 통해 미래 공간에 대한 공동의 소유 의식, 보호 의식, 책임감까지 함께 만들어가는 작업이었다. 이들의 협업 덕분에 프로젝트는 성공적으로 빠르게 마무리되었다. 2009년 3월에 시작된 올드 마켓 도서관 프로젝트는 석 달 만에 완료되었다.

이 프로젝트에 소요된 비용은 약 4500달러, 우리 돈으로 500만 원이 채 넘지 않았다. 이는 기존 자원을 최대한 재활용했기에 가능한 일이었다. 도서관 건물은 지역사회가 건물주와 협상해서 무료 사용 허락을 얻어냈다. 인테리어에는 오래된 원목과 벽돌을 재사용했고, 그 외의 재료들은 주민들로부터 기증받았다. 낡은 원목을 바닥에 깔고, 지역의 중고 물품 가게에서 구입한 재료들로 실내를 꾸몄다. 책장은 케이스 스튜디오가 이전 프로젝트에서 쓰고 남은 다양한 색깔의 원목 상자를 이용해 만들었다. 알록달록한 빛깔 덕분에 책장은 밝고 환한 분위기를 자아냈다. 천장이 높아 위에 다락방을 만들었는데, 이곳 역시 지역 주민들이 기증한 물건들로 꾸몄다. 작은 테이블을 가운데 놓고 주변에 베개 세트를 두었다. 조용한

57

올드 마켓 도서관 프로젝트는 지역 주민을 비롯해 지역 및 해외의 건축
가 그룹 등 이질적인 이들이 모여 도시 재생을 시도한 작업으로 상당한
주목을 받았다. ⓒTYIN tegnestue

독서 공간 혹은 소규모 모임을 위한 장소로, 따뜻하고 친밀한 분위기가 조성되었다.

이 프로젝트에 참여한 그룹들은 의지를 통해 언어 장벽을 넘어섰지만, 어려움은 거기에서 그치지 않았다. 가장 큰 문제는 매년 거듭되는 홍수로 인한 범람이었다. 지어진 지 100년 이상 된 벽돌 건물인 도서관 바로 뒤에 운하가 있었다. 매년 5~10월 우기 때면 지상 50센티미터 높이까지 물이 차올랐다. 이 물을 막기는 어려웠다. 해결책은 홍수의 가능성을 염두에 두고 홍수 때 최고 수위까지 올라가도 도서관 안에 물이 들이닥치지 않는 무풍지대를 만드는 것이었다. 주민들이 조달한 낡은 원목 상자를 이용해 2층보다는 낮고 1층보다는 좀 높은 2층, 즉 중이층中二層 구조를 만들었다. 상자를 높이 올린 덕분에 매년 거듭되는 우기에도 도서관은 안전한 공간을 제공할 수 있었다.

도서관의 전체 규모는 그리 크지 않다. 내부의 홀은 27제곱미터 정도의 넓이고, 도서관은 두 개의 공간으로 나뉘어 있다. 하나는 책장이 있는 열람 공간이고, 나머지 하나는 책도 읽고 여러 가지 활동도 할 수 있는 뒤뜰의 퍼걸러Pergola(각종 나뭇가지를 얹어 지붕을 만든 정자)다. 퍼걸러에 들어서면 쨍쨍 내리쬐는 햇볕을 피할 수 있고, 주변에는 커다란 도자기 화분에 각종 식물도 심어져 있다.

올드 마켓 도서관 프로젝트는 여러 그룹의 협력, 자재의 재활용, 홍수라는 문제적 상황을 넘어선 기획 등이 돋보이긴 하지만, 무엇보다도 건물의 설계와 건축 과정에서 지역 주민들이 자기 확신과 주인 의식을 가지게 된 점이 중요하다고 평가받았다. 지역 주민들은 진취적으로 이 프로젝트에 참여했으며 이전에 자신이 가지고 있던 것들을 활용해 무언가를 만들어낼 수 있다는 자신감을 얻었다고 한다. 그렇다면 이는 도서관을 통한 도시 재생의 희망적인 사례에 해당할 것이다.

아름다운 건물 건립만으로는 좋은 도서관을 만들 수 없다

너무 희망찬 이야기로 보일지 모르겠다. 앞서 기술한 내용은, 사실 내가 도서관에 방문하기 전 사전 조사를 통해 알아낸 정보다. 여러 언론들은 올드 마켓 도서관을 세상에서 가장 아름다운 도서관 중 하나라며 추켜세웠고, 이 도서관의 건립 과정은 지역사회를 바꿔놓은 성공적인 미담 사례로 보도되었다.

하지만 건립 후 7년도 지나지 않은 2016년에 이 도서관을 직접 찾았을 때, 그 모습은 보도와는 영 딴판이었다. 인근을 3시간이나 헤매다가 간신히 물어물어 도서관을 찾아 들어섰을 때, 그리하여 사진과 동영상으로 보았던 도서관 내부가 차츰 모습을 드러냈을 때, 나는 놀라움과 실망감을 감출 수 없었다. 그곳은 분명 이전에 사진과 동영상으로 본 도서관이었지만, 그것과는 완연히 다른 모습이었다.

방석들은 누렇게 얼룩이 져서 꼬질꼬질한 데다가 옆 솔기가 터져 있었고, 서가의 책들은 뒤죽박죽 제멋대로 꽂힌 채 뽀얗게 먼지

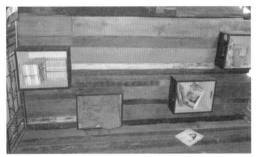

◆

도시 재생을 위해 지어진 올드 마켓 도서관은 지어진 지 7년도 지나지 않아 지역 주민들에게 잊혀지고 이용자 하나 없는 방치된 공간이 되고 말았다. 무엇이 이 도서관을 이렇게 만들었을까.

를 뒤집어쓰고 있었다. 다락방 역시 마찬가지였다. 한쪽 구석에는 누군가 던져놓은 듯한 전집이 있었는데, 빨간 노끈으로 묶인 채 먼지만 그득 쌓여 있었다. 언제 읽다가 두었는지 모를 오래된 잡지도 바닥에 나뒹굴고 있었다. 퍼런 이끼를 뒤집어쓴 퍼걸러의 도자기 화분들에서는 오랜 동안 버려진 기색이 역력히 내비쳤다. 뒤뜰 정원을 가득 채우고 있는 것은 사람 키를 넘어설 만큼 웃자란, 무성한 잡풀들이었다.

올드 마켓 도서관 프로젝트는 이처럼 실패로 돌아갔다. 그렇다면 왜 실패한 걸까? 이유는 명백했다. 건립에 참여한 이들 혹은 지역 주민들이 이후 도서관을 외면했기 때문이다. 3시간이나 인근을 헤매면서 도서관의 위치를 물었지만, 지역 주민들은 이 도서관의 존재를 알지 못했다. 시장 그 어느 곳에도 도서관을 알려주는 안내판 하나 없었다. 물론 도서관을 지키는 직원도, 한 사람의 이용자도 없었다. 도서관 건립 이후 지속적으로 열람실을 쓸고 닦고, 자료를 구입·관리하고, 꾸준히 도서관을 홍보하고, 프로그램을 운영할 인력의 부재가 가장 큰 문제였을 것이다.

나는 좋은 도서관이 지역사회를 변모시킬 수 있다고 믿는다. 하지만 좋은 도서관은 아름다운 인테리어의 도서관 건물만으로 만들어지지 않는다. 이용자들의 지속적인 관심과 꾸준한 지원, 무엇보다도 도서관을 운영하는 데 필수적 요소인 사서가 있어야만 좋은 도서관은 비로소 가능하다. 민부리의 올드 마켓 도서관 프로젝트는 이 사실을 존재 자체로 증명해 보이는 실례일 것이다.

기술 혁신과
친환경 가치의 결합,
녹색 도서관을 꿈꾸다

◆ 백셰 시립도서관 Växjö Stadsbibliotek (스웨덴)

◆ 베를린 자유대학 Freien Universität Berlin 의 언어학 도서관 Philologische Bibliothek (독일)

◆ 모두의 숲 기후 미디어 코스모스 みんなの森 ぎふ メディアコスモス (일본)

◆ 제임스 B. 헌트 주니어 도서관 James B. Hunt Jr. Library (미국)

세계의 많은 도서관들은 동시대의 이슈 중 하나인 환경 문제에 적극 관심을 보이고 있다.
그렇다면 환경 친화적 도서관은 어떤 모습일까.
사진은 그러한 도서관으로 명성을 얻은 미국의 제임스 B. 헌트 주니어 도서관의 모습. ⓒNCSU

최근 들어 건축계에서는 있는 그대로의 자연과 잘 어우러지면서 환경을 오염시키지 않는 작업에 많은 관심을 기울이고 있다. 이러한 흐름은 도서관계에도 유입되고 있는데, 많은 도서관들은 건축과 운영에 있어서 천연 재료와 재생 자원을 최대한 사용하고 에너지를 최소한 사용하는 방향으로 고민을 풀어가고 있다. 물을 절약하는 설비를 갖춘다거나 재생 가능한 혹은 친환경적인 자재를 사용하거나 자연광을 활용하고 태양열 에너지를 쓰는 것 등을 실례로 들 수 있을 것이다. 이번에는 도서관에서 구현되고 있는 친환경적 시도들의 구체적인 사례들을 살펴보자.

유럽 최고의 녹색 도시 벡셰의 도서관을 찾아서

스웨덴의 벡셰는 크로노베리주의 주도州都로, 조용하고 평안한 시골 마을이다. 벡셰Växjö라는 이름은 길väg과 호수sjö라는 단어를 결합한 것으로, 겨울에 농부들이 시장에 가기 위해 꽁꽁 얼어붙은 벡셰 호수 위를 길 삼아 걸었다고 해서 만들어졌다. 이름에서도 알 수 있듯이 벡셰에는 도시 곳곳에 호수가 있다. 겨울이면 과거의 농부들처럼 얼어붙은 호수 위를 걸어 다닐 수도 있고 영화의 한 장면처럼 호수 위에 누울 수도 있다.

평화로운 도시 벡셰는 지금으로부터 20여 년 전인 1996년 화석연료를 사용하지 않겠다고 선언했다. 벡셰는 2025년까지 1인당 온실가스 발생량을 1993년 발생량의 70퍼센트로 줄이고, 2030년부터는 화석연료를 사용하지 않는 것을 목표로 삼고 있다. 화석연료 없는 도시 선언은 세계 최초의 일로, 그 덕분에 벡셰는 '유럽 최고의 녹색 도시'로 선정되기도 했다.

벡셰에서는 석유 대신 나무를 쓰고, 무언가를 태운 찌꺼기를 모아 바이오 연료를 생산하며, 쓰레기는 20종류로 분류해 재활용한다. 심지어 감자나 바나나 껍질처럼 일반 가정에서 배출되는 유기 폐기물까지 수거해서 대중교통의 연료로 쓰이는 바이오 가스를 생산한다. 가정에서는 유기 폐기물을 처분할 수 있고, 버스 회사로서는 연료를 얻을 수 있는지라 모든 주민들이 이에 자연스럽게 동참하고 있다. 환경에 대한 시의 관심 덕분에 벡셰는 스웨덴에서도 가장 깨끗한 도시로 손꼽힌다.

그렇다면 이런 도시의 도서관은 어떠할까. 벡셰 시립도서관Växjö Stadsbibliotek은 옛 도서관에 이어서 새로운 도서관을 증축한 것으로 유명하다. 1965년에 설계된 정육면체의 옛 도서관은 고전주의와 모더니즘이 혼재된 건물로 잘 알려져 있다. 여기에 공간 확장을 위한 둥근 원기둥 형태의 새 도서관이 추가되어, 정육면체와 원기둥

◆

❶ 1965년에 에리크 올루옷스(Erik Uluots)의 설계로 지어진 벡셰 시립도서관 구관. 고전주의와 모더니즘이 혼재된 정육면체 건물이다.

❷ 2003년 완공된 벡셰 시립도서관 신관. 구관 뒤에 건설된 신관은 슈미트 함메르 라센 아키텍츠가 설계했고, 원기둥 형태의 건물이다.

벡셰 시립도서관의 화장실. 복도에 세면대가 있고, 안으로 들어가면 동전을 넣고 사용해야 하는 화장실 칸이 있다. 성별 구분 없이 사용하는 화장실이다.

이라는 기하학 형태의 결합으로 독특한 외관이 만들어졌다. 새로운 도서관의 건축은 덴마크의 도켄을 설계했던 슈미트 함메르 라센 아키텍츠가 맡았다.

나는 이 공공도서관을 방문했을 때 화장실에 가서 좀 놀랐다. 스웨덴의 공중화장실들은 대부분 성별 구분 없이 누구나 함께 사용하는 성 중립 화장실gender-neutral restroom이다. 이는 남녀뿐만 아니라 장애인, 성 소수자 등이 화장실을 이용하면서 겪는 불편이나 혼란을 배려하기 위해 만들어졌다. 이에 대해서는 어느 정도 사전 지식이 있었는지라 엄청나게 놀라운 일은 아니었다.

이보다 나를 당혹스럽게 했던 것은 공공도서관 화장실을 이용할 때 돈을 지불해야 한다는 사실이었다. 세면대는 자유롭게 이용할 수 있지만, 화장실 칸에 들어가려면 5크로나를 넣어야 문이 열렸다. 유럽의 공공장소에서 화장실을 이용하려면 대개 50센트에서 2유로 사이의 돈을 지불해야 한다. 하지만 공공도서관 화장실에서 돈을 지불해야 하는 경우는 처음 만났다. 예상치 못한 일이었던 데다가 잔돈이 없어서 난감해하고 있는데, 옆 칸에서 나온 젊은 아가씨가 아무 말 없이 자기 주머니에서 5크로나를 꺼내 넣어주었다. 책 읽는 아가씨라 그런지 배려심도 깊었다.

유럽은 배관을 잘 관리해주지 않으면 물속에 용해되어 있는 석회질이 침전되어 금세 화장실을 못 쓰게 된다. 양변기에 물이 채워져 있지 않은 것 역시 이 석회질 때문이다. 그래서 유럽에서는 화장실 증축과 관리, 청소, 배수관 교체 등에 필요한 비용을 충당하기 위해 화장실 사용료를 받는 문화가 형성된 것이다.

도서관에서마저 화장실을 유료로 이용해야 한다니, 우리 정서로는 너무한다는 생각이 들지도 모르겠다. 하지만 이는 벡셰의 친환경 정책과도 무관하지 않아 보였다. 정화된 물을 많이 사용할 수밖에 없는 수세식 화장실은 물 부족의 요인이 되기도 한다. 게다가 화장실에서 흘러나오는 오물은 깨끗한 물을 더럽히는 원인이다. 이를 관리하려면 하수관과 탱크 하수도 시설 등의 건설에 많은 돈을 들여야 한다. 벡셰 시립도서관의 화장실 유료화는 화장실 관리 비용을 절감하는 효과도 거두면서 소정의 돈을 통해 이용자들의 환경에 대한 의식을 일깨우는 정책이기도 하다.

도서관 화장실을 유료화하고 가정용 쓰레기마저 재활용하는 짠돌이 벡셰지만, 공공도서관에 대한 투자는 아끼지 않는다. 2015년

말을 기준으로 거주 인구가 6만 5000여 명에 불과한 소도시인데도, 벡셰에서는 시립도서관을 비롯해 8개의 분관分館 도서관이 잘 운영되고 있다.

벡셰 시립도서관을 안내해준 사서 카타리나는 한때 이 도서관의 슬로건이 "당신의 부富를 대출하라"였다고 소개했다. 물론 여기에서의 '부'란 금전적인 것이 아니라 지적인 것을 가리킨다. 그녀는 이 도서관이 편안하게 잡지를 보거나 책을 읽고 영화도 볼 수 있는 이용자들의 거실 같은 공간이라고 했다.

이곳저곳 둘러본 후 폐관 시간이 가까워져 서둘러 도서관을 나서려는데, 그녀가 내 팔을 잡아 끌었다. 먼 길을 찾아온 손님을 그냥 보낼 순 없다며, 도서관 사진이 들어간 각종 엽서를 비롯해 도서관 정경을 표지 사진으로 쓴 잡지 한 권을 기념품으로 곱게 포장해 내밀었다. 오래도록 기억에 남는 호의였다.

도서관 설계부터 환경을 고려한 베를린 자유대학 언어학 도서관

지금부터는 좀더 본격적으로 설계에서부터 환경을 고민한 도서관을 살펴보자. 독일에 있는 베를린 자유대학Freien Universität Berlin의 언어학 도서관Philologische Bibliothek은 이 대학에 있는 15개의 전문 도서관 중 하나다. 이곳은 1956년 유엔 기탁 도서관United Nations Depository Library으로 지정되면서 유엔이 출판한 각종 자료와 문서를 소장하고 있다.

베를린 자유대학 캠퍼스에는 네모난 건축물들이 들어차 있는데, 언어학 도서관만 중앙 정원에 타원형으로 자리하고 있다. 사람의 두개골을 닮은 외형 탓에 '베를린의 뇌'라는 별칭으로도 불린다. 이 도서관은 1997년 설계를 시작, 1800만 유로(한화로 약 2330억 원)의 공사비를 들여서 2005년 완공되었다. 4층 건물로, 모든 층을 포함한 면적은 6290제곱미터에 이른다.

사람들의 시선을 사로잡는 이 도서관은 영국의 대표적인 건축가이자 현대 건축의 거장으로 불리는 노먼 포스터Norman Foster의 작품이다. 그는 첨단 기술을 이용하는 하이테크 건축, 그리고 유리를 통해 자연 채광을 활용하고 에너지 소비율을 줄이는 친환경 건축으로 잘 알려져 있다. 스티브 잡스의 의뢰로 마치 미래 도시의 형상처럼 설계한 애플 사옥, '유리 달걀'이라는 애칭으로 불리는 런던 시청, 하이테크 건축으로 유명한 홍콩의 HSBC 본사 빌딩, 뉴욕 초고층 건물의 새로운 시작을 알린 허스트 타워 등이 그의 대표작이다.

언어학 도서관에는 노먼 포스터의 친환경 건축 철학이 오롯이 녹아들어 있다. 테크놀로지를 극대화하여 건물의 에너지 효율을 증대하는 것은 물론 환경에 미치는 악영향도 최소화하고 있다. 도서관 건축에 참여했던 건축가 데이비드 넬슨David Nelson은 건물의 설계 의도를 이렇게 밝힌 바 있다. "우리는 학생들이 도서관에서 수많은 시간을 보낸다는 것을 알게 되었다. 그러므로 자연 채광과 신선한 공기로 도서관에 활기를 불어넣어 학생들에게 완벽한 학습 환경을 제공하고자 했다."

이 도서관은 콘크리트로 기본 바닥 판과 골조를 만든 후 그 위에 철제 프레임을 세우고 바깥에 알루미늄 패널을 덮는 방식으로 지어졌다. 곁에서 보면 육중한 콘크리트 덩어리를 메탈 소재의 외피가 감싸고 있는 형상이다. 건물 내부의 유리 섬유 내막은 자연 채광을 분사해서 빛을 확산시킴으로써 도서관 내부의 온도를 조절하는 역할을 한다. 알루미늄 패널도 실내 온도가 올라가면 열리고 내려가면 닫히면서 유사한 역할을 한다. 패널이 열리면 건물 안에서도 파란 하늘을 살짝 엿볼 수 있고 바깥으로부터 신선한 공기가 유입된다. 패널이 닫혔을 때는 지하실로부터 신선한 공기가 유입된다. 연중 220일가량은 알루미늄 패널의 개폐를 통해 자연스럽게 실내 온도와 환기를 조절하고, 복사 냉난방에 이용되는 배수관이 있는 콘크리트 코어^{core}도 실내 온도를 따스하게 만든다. 이러한 장치들 덕분에 언어학 도서관은 이 대학의 다른 건물들에 비해 35퍼센트의 에너지를 절감하고 있다.

도서관 입구는 노란 부챗살 모양으로, 내부로 들어서면 사서들이 두 시간씩 교대로 근무하는 안내 데스크가 있다. 하얀 천장, 회색 바닥과 서가, 붉은색 가구가 있는 열람실은 미니멀리즘 인테리어로 안정적이면서도 정신을 집중할 수 있는 분위기다. 반투명 유리 막 덕분에 내부는 너무 환하지도, 너무 어둡지도 않으며 인공조명만으로는 자아내기 어려운 편안한 조도가 연출된다.

서가는 각 층 중앙에 있는데, 여기에는 인문대학 11개 학과의 단행본 70여만 권과 정기간행물 800여 종이 비치되어 있다. 열람석

❶ 베를린 자유대학 언어학 도서관의 외관. 사람의 뇌를 닮은 형상으로, 외관에는 실내 온도를 조절하는 알루미늄 패널이 뒤덮여 있다.

❷ 도서관 내부의 열람실. 천장에서는 자극적이지 않은 자연광이 들어오며, 미니멀리즘 인테리어로 꾸며져 있다.

❸ 굽이치는 물결 같은 모양의 열람석이 실내에 역동성을 불어넣는다.

은 중앙 서가의 바깥으로 물결 모양처럼 기복 있는 곡선 형태로 배치되어 있어 역동적인 느낌을 준다. 줄지어 늘어선 서가를 뒤로한 채 구불구불한 열람석에 앉아 있노라면 마치 열기구의 바닥에 앉아 있는 듯한 기분이 든다. 이런 곳에서라면 쾌적한 기분으로 오래도록 공부를 해도 괜찮을 것만 같다.

자연 에너지를 활용하는, 가슴 두근거리는 도서관

이번에 소개할 도서관은 가보기 전에 이름부터 마음에 들었다. '모두의 숲'이라니, 공공도서관의 이용자와 목적을 이처럼 은유로 정확하게 표현할 수 있을까. 일본 기후현에 있는 이 도서관의 정식 명칭은 '모두의 숲 기후 미디어 코스모스みんなの森ぎふメディアコスモス'로, 기존의 도서관 기능을 넘어서 '지식, 문화, 만남의 육성'을 테마로 한 다목적 복합 시설이다.

요시나리 노부오吉成信夫 관장은 모두의 숲이 단순히 책을 빌리거나 읽는 장소가 아니라 책을 통해 사람을 만나고 즐거운 생각을 공유하고 재미있는 활동이 일어나는, 가슴 두근거리는 설렘이 있는 장소였으면 좋겠다고 했다. 이름부터 실제까지 진정 그런 희망을 품을 만한 곳이었다.

이곳에 도착해서 에스컬레이터를 타고 2층에 들어섰을 때, 나는 눈앞에 펼쳐진 놀라운 광경에 벌어진 입을 다물 수 없었다. 어떻게 이런 상상을 할 수 있었을까!

모두의 숲 2층은 전체가 하나의 커다란 개방 열람실이다. 천장을 보면 얇은 원목을 겹쳐 만든 거대한 격자 지붕이 눈에 들어온다. 격자 지붕 원목은 모두 기후현에서 자란 노송나무로 만든 것인데, 마감재일 뿐만 아니라 구조재이기도 하다. 원목들 사이사이로는 햇빛이 쏟아져 들어와서 자연스레 시선이 가기도 한다.

열람실에는 나선형으로 된 원목 서가가 있으며, 서가 사이사이로 거꾸로 된 깔때기 모양의 둥그런 작은 지붕들이 있다. 이를 '글로브globe'라고 하는데, 파도가 치는 듯한 격자 지붕과 함께 내부 공간에 운동감을 자아낸다. 글로브는 수평 막대로 틀을 짠 후 거기에 폴리에스테르 실을 열처리한 자재를 붙여 만들었으며, 겉에 반사율과 투과율을 조정하는 얇은 천을 덧대었다. 이 육각형 혹은 원형 천은 다양한 모양을 만들어내며, 열람실 위치를 알려주는 표식 역할도 한다.

2층 열람실에 있는 11개의 글로브는 각각 다른 기능을 담당한다. 1층에서 에스컬레이터로 올라오는 길목에 자리한 입구 글로브, 대출·반납 수속을 하는 종합 안내 글로브, 자료 안내와 도서 상담을 하는 참고봉사reference service 글로브, 어린이용 글로브, 그림책 글로브, 중고생을 위한 자습 공간 글로브, 문학·철학 분야 글로브, 사회과학·자연과학·예술 분야 글로브, 문고본 글로브, 각종 이벤트와 시사 테마를 포함해 도서를 소개하고 전시하는 글로브, 향토 자료 글로브가 그것이다.

지붕에서 실내로 들어오는 자연스러운 햇볕은 격자 지붕을 통과

모두의 숲 2층 열람실 전경. 천장에 있는 거대한 나무 격자 사이로 햇빛이 들어오고, 11개의 글로브가
열람실에 놓여 있다. 열람실 곳곳에 있는 조명까지 더해져 따스하면서도 환상적인 분위기를 자아낸다.
ⓒみんなの森 ぎふメディアコスモス

해 글로브로 떨어지고, 글로브는 이 빛을 다양한 각도로 반사하고 투과하고 확산시킨다. 해 저문 저녁에는 글로브 안에 조명이 켜지고, 글로브는 자연스럽게 그 조명의 가리개가 되어준다. 글로브 윗부분에는 여닫을 수 있는 수평 창이 있는데, 창을 열면 바깥바람이 들어온다. 위아래의 온도차를 이용해 공기를 순환시키며, 그 덕분에 별다른 기계와 에너지 없이도 2층 공간 전체를 환기할 수 있다. 또한 풍부한 지하수를 냉난방에 활용하고 있다.

모두의 숲은 태양광, 태양열, 바람, 지하수 등 자연 에너지를 최대한 활용함으로써 에너지 사용량을 절반으로 줄였다. 그렇게 환경 부담을 최대한 억제하고 있는 것이다. 도서관의 설계는 건축계의 노벨상이라 불리는 프리츠커 건축상을 수상한 건축가 이토 도요伊東豊雄가 맡았다.

환경을 고려해 설계된 미국의 한 대학도서관

마지막으로 살펴볼 곳은 제임스 B. 헌트 주니어 도서관James B. Hunt Jr. Library이다. 이곳은 미국 노스캐롤라이나 주립대학에 있는 5개의 도서관 중 하나로, 150만여 권의 공학, 섬유, 과학 분야 장서를 소장하고 있다. 이 도서관의 설계는 이집트의 알렉산드리아 도서관과 뉴욕의 9·11 추모 박물관 등 기념물적인 공공기관 설계로 유명한 노르웨이의 건축 회사 스뇌헤타Snøhetta가 맡았다.

2013년 1월에 개관한 이 도서관은 축구장보다 넓은 규모(2만

◆

❶ 제임스 B. 헌트 주니어 도서관의 레인 가든 리딩 라운지. 알록달록한 원색으로 꾸며진 실내는 경쾌한 색채감이 돋보인다. ⓒNCSU

❷ 도서관의 전 층은 노란색 계단으로 연결되어 있다. 계단 뒤쪽으로는 개방형 열람 공간이 보인다. ⓒNCSU

531제곱미터)로, 5층짜리 건물 내에 총 1700여 명을 수용할 수 있다. 또한 이 도서관은 디자인으로도 유명하다. 전 층을 연결하는 노란색 계단은 경쾌하고 밝은 분위기를 자아낸다. 실내 가구에서는 현대적 감각의 예술미가 느껴진다. 계란형 의자, 푹신푹신한 공 모양 의자, 딱딱한 철제 의자 등 110개 빛깔로 만들어진 80종의 의자를 만나보는 즐거움도 있다. 누울 수 있는 긴 의자도, 다리를 올릴 수 있도록 받침대가 따로 있는 의자도 있다. 이 도서관만을 위해 특수 제작된, 일명 '헌트 의자Hunt Chair'가 있을 정도다. 하루에 하나씩 의자를 골라 앉아도 한 학기 동안 도서관의 모든 의자에 다 앉아보지 못할 수도 있다.

제임스 B. 헌트 주니어 도서관은 환경보호를 위한 녹색 도서관을 표방한다. 과학 분야 장서를 소장하는 도서관에 걸맞게 이를 위한 첨단 기술들이 건물에 적용되었다. 도서관 차양에 달린 '핀Fins' (지느러미 모양의 금속판)은 불필요한 태양광을 차단하고 그늘을 만들어준다. 실내는 자연광이 적절하게 스며들도록 설계되었다. 옥상에는 12개의 태양열 패널이 빛을 이용해 건물에 온수를 제공하고, 냉각 빔과 복사 패널 시스템으로 실내 온도를 조절한다. 또한 옥상에 정원을 조성하여 쾌적한 환경을 제공하면서 이를 통해 배수 관리도 하고 있다. 그 결과 이 도서관은 미국 정부로부터 친환경 건물 인증인 LEED Leadership in Energy and Environmental Design를 획득했으며, 2013년에 미국건축가협회와 미국도서관협회가 선정하는 도서관 건물상 AIA/ALA Library Building Awards도 수상했다.

2장

성장과
교육의 중심에 선
도서관들

◆

교육과 성장에 대한 고민은
도서관이 처음 만들어졌을 때부터 지금까지 줄곧 이어져왔다.
아이들을 한 사회의 어른으로 키워내는 것을 비롯해서
학교를 떠난 성인이 배움을 놓지 않게 하는 데에도
도서관은 많은 관심을 기울여왔다.
오랜 시간 많은 도서관들이 해온 그 고민은
지금 어떤 식으로 유사하게 혹은 다르게 구현되고 있을까.

05

이 세상
어느 곳에서든
책 읽는 어린이는
아름답다

◆ 미들 컨트리 공공도서관 Middle Country Public Library (미국)

◆ 교토국제만화박물관 京都国際マンガミュージアム (일본)

◆ 스모토 시립도서관 洲本市立図書館 (일본)

◆ 구마모토 현립도서관 熊本県立図書館 (일본)

◆

어린이실은 도서관의 여러 공간 중에서 가장 다채로운 곳일 터.
어린이들이 책과 가까워지게 하기 위해 해온 도서관의 노력은
지금 이 시대에 어떻게 진화하고 발전하고 있을까.

많은 공공도서관들은 미래 세대의 주인공인 어린이를 도서관으로 끌어들이기 위해 다양한 노력을 기울여왔다. 도서관들은 어린이와 가족을 위한 공간을 만들고, 부모와 함께 책을 읽는 프로젝트를 진행한다. 다양한 자료들로 책에 대한 아이들의 호기심을 자극하고, 전문가들이 아이의 관심사에 걸맞은 도서 추천 시스템을 개발하기도 한다. 그렇다면 어린이 이용자를 끌어들이기 위해 고민하는 세계의 도서관들은 지금 어떤 시도를 하고 있을까. 바로 그 현장을 찾아가 보았다.

어린이와 부모를 위한 신개념 도서관의 등장

샌디 파인버그^{Sandy Feinberg}는 1970년대에 미국 뉴욕주 롱아일랜드의 미들 컨트리 공공도서관^{Middle Country Public Library} 어린이실 사서였다. 결혼을 하고 아이를 낳은 후 출산휴가를 쓰면서 집에 머무는 동안, 그녀는 그 시기의 많은 여성들이 그러하듯 사회로부터 고립감을 느꼈다. 도서관으로 복귀하면서 그녀는 영·유아와 그들의 부모를 위해 무언가를 해야겠다고 결심했다.

우선 샌디는 도서관의 어린이 책 종수를 늘리면서 육아 관련 도서를 장서로 구입하기 시작했고, 지역의 커뮤니티 전문가들과 함께 부모와 영·유아를 위한 워크숍을 추진했다. 그녀는 도서관이 부모와 아이의 문제를 고민하는 공간이 되기를 바랐다. 샌디의 작업이 지속되면서, 미들 컨트리 공공도서관은 점차 어린이와 가족들의 명소가 되어갔다. 그렇게 미국 공공도서관의 변형 모델로서 '가족 공간 도서관Family Place Libraries'이 탄생했다.

1996년에는 '미래를 위한 도서관Libraries for the Future'이라는 비영리 기구가 미들 컨트리 공공도서관과 팀을 이뤄 샌디의 아이디어를 발전시키면서 가족 공간 도서관이라는 개념을 미국 전역의 공공도서관에 적용하기 시작한다. 한 명의 사서가 개인적 경험을 바탕으로 도서관을 바꿔낸 시도가 미국 도서관 환경에 일대 변화를 가져온 것이다. 1998년에는 5개였던 가족 공간 도서관은 그렇게 확산되어 이제는 31개 주 500여 곳으로 늘어났다.

그렇다면 가족 공간 도서관이란 어떤 곳일까. 이는 건강한 가족 관계 형성에 도움을 줄 사람을 연결시켜주고, 영·유아의 발달을 지원하는 커뮤니티 허브 조직이다. 또한 아이가 태어날 때부터 문해력을 향상시킬 수 있는 접근을 시도해야 하며, 도서관이 이를 위한 자양분을 제공함으로써 건강한 커뮤니티를 조성하는 데 일조해야 한다고 믿는 미국 어린이실 사서들의 네트워크다. 미들 컨트리 공공도서관은 가족 공간 도서관의 모델이자 사서들의 트레이닝 센터

미국 최초의 가족 공간 도서관, 미들 컨트리 공공도서관. 열정적인 사서 샌디의
참신한 시도는 미국 전역으로 확대되었다. ⓒ Middle Country Public Library

다. 미국 각지의 가족 공간 도서관에서 일하는 사서들은 자신의 프
로젝트를 실행·유지할 수 있도록 이곳에서 트레이닝을 받는다.

그렇다면 가족 공간 도서관으로 지정받기 위해서는 어떤 준비를
해야 할까?

첫째, 다양한 자료를 구비해야 한다. 이는 도서에만 국한되는 게
아니라 아이들이 자유롭게 이용할 수 있는 장난감, 음악 CD, 다양
한 멀티미디어 자료까지 포함된다.

둘째, 어린이를 위해 디자인된 인테리어 공간이 있어야 한다. 이
곳에서는 아이들이 마음껏 뛰놀고 쉬고 책을 읽을 수 있어야 한다.
가족 단위 이용자들을 환대하는 따뜻한 분위기를 조성하는 작업도
필요하다.

셋째, 아이와 부모가 함께하는 다양한 워크숍을 진행할 수 있어
야 한다. 가족 공간 도서관에서는 어린이의 발달 단계에 걸맞은, 대

미들 컨트리 공공도서관의 어린이실. 동그란 창밖에는 나무가 보이고, 창을 통해 들어오는 빛은 어린 이실에 따스하게 배어든다. 책뿐만 아니라 인형을 비롯한 각종 장난감이 아이들을 기다리고 있다.

략 5주간 진행되는 각종 프로그램을 기획, 제공한다. 예를 들면 임산부를 위한 프로그램인 베이비 범프Baby Bump, 영아를 위한 프로그램인 베이비 마사지와 베이비 리듬 타임, 걸음마를 배우는 아이를 위한 프로그램인 토들러toddler 탐험과 감각적 스토리 타임 등이 도서관에서 진행된다. 이 시간에 아이들은 장난감을 가지고 놀고 동화책을 읽고 미술이나 체육 활동 등을 하면서 새로운 친구를 만난다. 부모들은 어린이의 신체 및 언어 발달, 놀이 등에 대해 배우고, 지역의 전문가들과 개별적으로 면담하면서 관련 경험과 지식에 대한 조언을 듣는다.

넷째, 지역 커뮤니티와의 연계를 만들어야 한다. 이는 도서관의 영·유아 서비스를 모르거나 도서관 이용에 익숙지 않은 이들을 위해 필요하다. 도서관은 지역 커뮤니티와 협약을 맺고, 담당 사서는 부모가 된 도서관 이용자나 저소득층 가정 사람들에게 커뮤니티의 자원과 서비스를 연결시켜준다. 이 과정에서 아웃리치outreach (커뮤니티 기관이 지역 주민에게 봉사하는 활동) 프로그램이 활용되기도 한다.

다섯째, 도서관 근무자들이 도서관 운영을 위한 교육을 받아야 한다. 가족 공간 도서관의 사서는 어린이의 발달을 도모하고 가족들을 지원하면서 지역 커뮤니티와의 연계도 이어가야 한다. 어린이와 부모를 지원하는 데 필요한 사전 교육을 반드시 받아야 하는데, 최소한 각 도서관의 관리자 한 명과 사서 한 명이 사흘 동안 트레이닝에 참여해야 하며, 이후 온라인 트레이닝 과정도 추가로 마처야 한다.

그렇다면 도서관 이용자들은 가족 공간 도서관으로의 변화에 호의적이었을까? 모두가 그렇지는 않았다. 몇몇 이용자들은 도서관이 어린이 놀이방처럼 변했다며 불만을 터뜨리기도 했다. 하지만 도서관은 이 변화의 끈을 놓지 않고 차분히 이용자들을 설득해나 갔다. 어린이의 두뇌가 놀이를 통해 개발된다는 연구 결과를 보여주었고, 각종 장난감과 교육 자료가 아이들의 문해력을 키우는 기반이 된다는 사실을 설명했으며, 어린이들이 다양한 경험과 탐구를 할 수 있도록 도서관이 다채로운 환경을 제공해야 한다는 것을 알려나갔다. 그렇게 도서관 이용자들이 하나둘 이 변화를 지지하도록 이끌어갔다.

어린이들의 자연 체험장, 네이처 익스플로리엄

미들 컨트리 공공도서관의 변화는 여기에서 그치지 않았다. 도서관에서는 어린이실 바로 옆에 있던 424제곱미터의 빈 공간에 어린이와 가족을 위한 야외 학습 공간인 네이처 익스플로리엄Nature Explorium을 조성했다. 지금은 상용화된 '익스플로리엄'이란 용어는 이 도서관 직원이 만들어낸 것이다. 최초로 미국 공공도서관에 조성된, 어린이를 위한 자연 탐험 공간이었다.

네이처 익스플로리엄은 어린이의 상상력이 하늘 높이 뻗어서 창의적인 활동을 벌이는 데 제한이 없는 곳, 그렇게 어린이들이 직접

90

체험하고 경험하는 공간이다. 이곳에는 총 8개의 플레이 구역이 있다. 통나무와 사다리를 올라탈 수 있는 '오르기Climb It' 구역, 흙과 손수레를 가지고 노는 '땅 파기Dig It' 구역, 나무 블록을 쌓으면서 노는 '세우기Build It' 구역, 각종 식물을 심어보는 '심기Plant It' 구역, 다양한 책을 볼 수 있는 '책 읽기Read It' 구역, 자연 재료를 가지고 마음껏 무언가를 만들 수 있는 '만들기Create It' 구역, 무대 위에서 노래 부르고 춤출 수 있는 '놀이Play It' 구역, 물을 가지고 노는 '튀기기Splash It' 구역이 그것이다.

아이들은 나무에 올라가고 그루터기에 앉고 그림을 그리고 음악을 연주하고 흙을 만지고 나무를 심는 등 다양한 활동을 한다. 이를 통해 자연의 아름다움을 직접 경험하고 발견하는 것이다. 아이들은 이곳에서 뛰놀면서 관찰력과 시공간에 대한 인지능력을 키우고 다양한 친구를 만드는 등 소중한 삶의 경험을 해나간다.

네이처 익스플로리엄에서는 '물은 어떻게 움직이는가' '식물은 어떻게 자라는가' 같은 질문을 중심으로 한 자연 문해력nature literacy 프로그램이 진행된다. 여기에는 어린이들의 이해를 돕는, 자연과 환경 관련 도서를 비롯한 도서관의 자원들이 활용된다. 도서관이 야외 활동을 진행하면서 어린이들의 문해력을 향상시키고 자연에 대한 학습을 유도하는 것이다. 여러 연구 결과에 의하면, 이렇게 일상에서 정기적으로 자연을 접하는 아이들이 실제로 학습 능력도 높고 성장 속도도 빠르다고 한다.

한편 미들 컨트리 공공도서관의 환경 관련 자원봉사자 그룹 중

◆

미들 컨트리 공공도서관에 있는 자연 체험장, 네이처 익스플로리엄. 이
곳에서 아이들은 자연과 어울리며 다양한 활동을 한다. 아래는 '땅 파기'
구역의 모습. ⓒMiddle Country Public Library(위)

에서 '녹색 청소년 The Green Teens'의 활동은 눈여겨볼 만하다. 이들은 매년 스프링 카니발 기간에 네이처 익스플로리엄에서 초등학생들과 함께 만들기, 게임 등의 활동을 벌인다. 실제 사례로 이들이 벌이는 '살사를 해보자 Let's Salsa' 프로그램을 살펴보자. 유치원생부터 초등학교 3학년생까지를 대상으로 하는 이 프로그램에서는, 정원에서 자라는 다양한 야채 이야기를 들려주고 야채를 이용해 살사 음식(각종 재료들을 섞어 만드는 멕시코 음식) 만드는 법을 알려주며 마지막에는 살사 댄스 추는 법을 가르쳐준다.

네이처 익스플로리엄은 모든 이들에게 공간을 개방하고 있지만, 행사와 프로그램의 경우 도서관 회원 카드를 가진 미들 컨트리 거주민만 참여할 수 있다. 또한 이곳은 어린이를 위한 공간이지만 보호자 없이 어린이 홀로 입장할 수 없으며, 안전을 위해 도서관 직원이 상주하고 있다.

도전! 유치원에 가기 전에 1000권의 책 읽기

이번에는 미국 도서관에서 시도되는 대표적인 어린이 독서 프로그램을 살펴보자. '유치원에 가기 전에 1000권의 책 읽기 1000 Books Before Kindergarten'의 콘셉트는 단순하다. 아직 스스로 책을 읽을 수 없는, 유치원에 다니기 전의 아이들에게 이해력을 향상시키고 즐거움을 주기 위해 책을 읽을 수 있는 사람이 1000권의 책을 읽어주는 것이다. 1000권이라니, 너무 많거나 어렵다고 생각되는가? 1년 동안 매일 밤마다 1권씩만 읽어줘도 365권이다. 2년이면 730권이고, 3년만 계속하면 1095권이 된다. 5세부터 유치원에 간다고 생각하면 시간은 충분하다.

이러한 아이디어는 호주 출신의 어린이 책 작가 멤 폭스Mem Fox의 『하루 10분 책 육아Reading Magic』에서 비롯되었다. 미국 인디애나주의 시골 도서관에서 처음으로 이 책의 내용을 바탕으로 글을 읽지 못하는 아이들을 위한 책 읽어주기 프로그램을 시작했는데, 이는 최근 미국 공공도서관에서 앞다투어 도입하고 있는 영·유아 문해력 프로그램으로 발전되면서 미국 전역으로 퍼져 나갔다.

도서관은 5세 이하의 어린이가 있는 가정에서 이 프로그램을 실행할 수 있도록 도움을 주기 위해 여러 가지 준비를 해두고 있다. 우선 무슨 책을 읽어야 할지 감을 잡지 못하는 이용자를 위해 보호자와 아이가 함께 읽을 추천도서 목록을 제공한다. 또한 이용자의 편의를 위해 10권의 책을 패키지로 묶어놓은 책가방을 여럿 준비해둔다. 책가방이 무겁거나 부피가 크면 이용자가 가져가기 힘드니, 이를 고려해 10권의 책은 표지가 두꺼운 하드커버 대신 얇은 페이퍼북으로 선정한다.

이 프로젝트의 핵심은 끈기다. 그러나 1000권을 읽어내려면 무엇보다도 그 과정이 흥미롭고 재미있어야 한다. 도서관은 이 과정을 독려하기 위해 각기 다른 책가방을 10번 빌리면, 즉 100권의 책을 대출할 때마다 스티커 혹은 하드커버 책 한 권을 선물로 주거나 기념사진을 찍어준다.

CONGRATULATIONS

Congratulations to all of our readers who have completed 1000 Books Before Kindergarten! For more information, please visit: 1000books.mcplibrary.org.

Brandon Fitzsimons   *Elias Hart*

Ryan Khan   *Sawyer Lester*   *Kyle Ortiz*   *Ryan Ortiz*   *Paige Renahan*

'유치원에 가기 전에 1000권의 책읽기'를 성공적으로 끝낸 어린이들의 기념사진들. 미들 컨트리 공공도서관은 보호자의 허락을 받고 이 사진들을 홈페이지에 올려두었다.

각종 연구 결과에 의하면 두뇌 발달의 85퍼센트가 5세 이전에 이루어지며 독서가 두뇌 발달을 촉진한다고 한다. 그래서 유아기에 책을 많이 읽은 아이일수록 초등학교에 입학했을 때 더 많은 어휘를 사용하며 학교생활을 잘 해나간다. 그렇게 보면 '유치원에 가기 전에 1000권의 책 읽기'는 어린이의 이후 성장과 교육에 든든한 토대를 제공하는 프로그램이다. 또한 독서를 매개로 부모와 아이의 유대감도 강화된다. 1000권의 책을 읽어나가면서 부모와 아이는 지속적으로 흥미로운 교감을 나누게 되는 것이다.

부모나 보호자는 아이와 함께 책을 읽은 다음 책 제목을 독서 일지에 적어두어야 한다. 이것은 차후 아이에게 소중한 기념품이 될 수 있다. 어떤 아이는 수개월 만에 책을 다 읽어내기도 하고, 또 어떤 아이는 수년에 걸쳐서야 비로소 1000권을 읽어낸다. 하지만 결승점에 도착하는 속도가 중요한 것은 아니다. 아이와 함께 자주 즐거이 책을 읽는 것이 결국 이 프로젝트의 목표이니 말이다.

    미국에는 어린이의 독서를 안내해주는 빈스택^{Beanstack}이라는 서
비스가 잘 알려져 있다. 빈스택은 도서관 이용자 개개인에게 무료
로 맞춤형 도서를 추천해주는 웹 사이트로, 조던 로이드 부키^{Jordan}
^{Lloyd Bookey}와 펠릭스 브랜던 로이드^{Felix Brandon Lloyd} 부부가 만들었
다. 추천도서는 사서 및 전문가 등이 어린이 이용자의 관심사를 고
려해 선별한 책들로 구성된다.

    빈스택의 서비스를 받으려면, 우선 이용자가 자신의 아이 연령
과 독서 수준, 관심사 등과 같은 간단한 프로파일을 작성해야 한다.
그러면 빈스택은 매주 이용자의 개인 이메일로 도서를 추천해주고
이 책과 관련한 학습 팁을 제공한다. 이메일에는 아이가 이용할 수
있는 지역 공공도서관 온라인 링크가 들어 있는데, 링크를 클릭하
면 공공도서관 홈페이지의 카탈로그로 이동해 빈스택이 추천해준
도서를 예약할 수 있다.

    빈스택의 서비스는 개개인에게 적합한 도서를 추천해줌으로써
어린이들이 흥미롭게 책을 읽으면서 체계적으로 문해력을 향상시
키도록 도와준다. 빈스택의 장점은 이뿐만이 아니다. 빈스택은 어
린이들이 책을 읽은 후 독서 일지를 작성하는 서비스를 제공한다.
독서 일지를 씀으로써 독서 이력이 차곡차곡 기록되고, 이 기록을
바탕으로 디지털 배지(웹에서 특정한 능력을 인정해주는 것을 알리는
배지)를 수여해 어린이들이 지속적으로 책을 읽도록 유도한다. 이

외에 어린이들이 관심을 가질 법한, 예를 들면 '이집트 탐험'이나 '왕따' 같은 주제와 관련한 도서 및 활동 정보를 제공한다. 각종 태그를 통해 도서를 비롯한 연관 데이터베이스 검색도 가능하며, 지역 공공도서관에서 제공하는 다양한 연령별 어린이 프로그램에 대한 정보도 살펴볼 수 있다.

현재 빈스택은 모바일에 최적화된 웹 애플리케이션으로 서비스를 제공하므로 스마트폰으로도 쉽게 접속이 가능하다.

과거로부터 이어져 내려온 그림 연극, 도서관에서 살아 숨 쉬다

이제까지는 미국의 사례들을 살펴보았는데, 마지막으로 과거의 문화를 활용해 어린이의 독서를 장려하는 일본의 독특한 사례를 소개한다. 일본에서는 1930년대와 1950년대에 카미시바이紙芝居라는 그림 연극이 흥행했다. 이는 자전거 위에 그림판을 올려놓은 뒤 그림을 한 장씩 보여주면서 무성영화 속 변사처럼 이야기를 들려주는 연극이다. 당시에 과자나 물엿 사탕을 파는 행상인들이 아이들을 손님으로 끌어들이기 위한 상술의 일환으로 카미시바이를 시연하곤 했다. 텔레비전이나 영화가 없던 시절에 아이들이 즐기던 엔터테인먼트였던 셈이다.

교토국제만화박물관京都国際マンガミュージアム에서는 지금도 2층의 미니 극장에서 매일 카미시바이를 공연한다. 전문 연극배우인 변사가 나무 액자 속의 그림을 한 장씩 뽑아가며 이야기를 들려주면

아이들뿐만 아니라 어른들도 박수를 치며 즐거워한다. 변사는 드문드문 앉아 있는 외국인들에게 영어로 질문을 하며 웃음을 끌어내기도 한다. 그의 카랑카랑하고 시원시원한 목소리와 관객을 쥐락펴락하는 능청스러운 연기, 여기에 재미난 만화 그림이 더해져서 공연은 관객들의 큰 호응을 얻고 있다. 공연 시작과 중간중간에 문제를 내고 정답을 맞힌 사람에게 선물을 나눠주는 이벤트도 아이들에게 인기 만점이다.

그런데 카미시바이는 유명 박물관에서나 볼 수 있는 일종의 재현형 이벤트에 머물러 있는 게 아니다. 이는 일본의 여러 도서관에서 다양한 방식으로 활용되고 있다. 책 읽어주는 변사가 꼭 전문 배우일 필요는 없고, 카미시바이용 나무 액자와 그림이 없더라도 판형이 큰 빅 북을 활용해서 아이들에게 재미있게 책을 읽어주는 것은 충분히 가능하니 말이다.

일본 효고현 아와지섬에 있는 스모토 시립도서관洲本市立図書館은 근대 산업화의 유산인 방적 공장의 붉은 벽돌 건물을 리노베이션해 만들었다. 이곳에는 상당량의 카미시바이 책이 소장되어 있으며, 어린이들에게 이러한 책을 읽어주는 이야기방도 따로 마련되어 있다. 과거의 유산이라 할 카미시바이가 옛 건물을 개조한 도서관에서 현재까지 명맥을 유지하며 시연되고 있는 것이다.

일본의 평범한 공공도서관 중 하나인 규슈의 구마모토 현립도서관熊本県立図書館의 경우는 이를 더욱 실용화했다. 이곳에서는 카미시바이 그림책도 활용하지만, 패널 시어터パネルシアター와 에이프런

◆

❶ 카미시바이가 매일 정기적으로 공연되는 교토국제만화박물관의 미니 극장.

❷ 스모토 시립도서관에서 소장하고 있는, 카미시바이용 그림책과 대본..

시어터エプロンシアター라는 새로운 방식으로 아이들에게 책을 읽어 준다. 패널 시어터는 천에, 에이프런 시어터는 앞치마에 그림을 붙였다 떼었다 하면서 이야기를 하고 노래를 부르며 책을 읽어주는 것을 말한다. 이러한 활동을 할 수 있는 자료들은 모두 대출이 가능해서, 집에서도 어른들이 이를 활용해 아이들에게 책을 읽어줄 수 있다.

06

어른 없는 아이들만의 공간,
트윈 세대 전용 도서관

◆ 티오트레톤TioTretton (스웨덴)

◆ 말뫼 시립도서관Malmö Stadsbibliotek의 발라간Balagan (스웨덴)

◆ 비블로 퇴위엔Biblo Tøyen (노르웨이)

이곳은 어디일까? 오픈 키친 식당? 아니면 좀 고급한 게스트하우스의 부엌?
이곳은 트윈 세대를 위한 스웨덴의 도서관 티오트레톤의 부엌이다!
아이들은 왼쪽 서가에 있는 요리 책들을 참조해가며 음식을 만들어 먹는다. ⓒ TioTretton

어린이와 청소년 사이에 낀 8~14세 아이들을 지칭하는 '트윈 세대tween generation'라는 말이 있다. 부모의 품 안에 있다가 점차 독립적인 성향을 발현해가는 이 세대 아이들은 컴퓨터나 인터넷에 큰 관심을 보이고 청소년 못지않은 구매력을 가지고 있다. 한국에서는 트윈 세대가 아직 독립적인 조명을 받지 못하지만, 북유럽에서는 이미 이들에 주목하며 이들만을 위한 도서관이 만들어지고 있다. 어린이 열람실을 이용하기엔 너무 커버렸고, 성인 열람실을 기웃거리기엔 아직 준비가 덜 된 아이들을 위한 도서관이다.

트윈 세대만을 위한 도서관, 티오트레톤

도서관 문을 열고 들어서면 아이들은 신발을 벗는다. 이외에는 무언가를 해야 한다는 의무도, 하지 말아야 한다는 규제도 없다. '규칙이 없다'는 것이 이 도서관의 규칙이다. 완벽히 자유롭다. 계획된 활동도 없다. 아이들은 무엇이든 마음대로 할 수 있다.

이곳에 있는 아이들의 모습은 이러하다. 사다리를 타고 올라가 커다란 유리창 옆의 해먹 같은 의자에 앉아 책을 읽는다. 피라미드 스타일의 빨간색 계단에 앉아 종이접기와 악기 연주를 하고, 책상에 앉아 만화를 그리고, 영화를 만들고, 컴퓨터 게임을 한다. 무대에 올라가 번갈아 코스튬을 입어보며 변장을 즐기고, 노래를 부르며 춤을 춘다. 부엌에서 직접 요리를 해 친구들과 나눠 먹고, 길고 빨간 소파에 맨발을 길게 뻗고 누워 잠을 잔다. 천장에서 길게 늘어진 줄에 매달려 있는 책을 잡고서 읽는 아이도 있다. 이곳에서는 모든 아이들이 제각각이지만, 모두들 제 뜻대로 하고 싶은 걸 하고 있다는 느낌이 든다.

이곳은 이름에서부터 공간의 성격을 명확히 드러낸다. 티오트레톤TioTretton은 '열 살 열세 살Ten Thirteen'이란 뜻으로, 오직 10~13세 아이들만이 이용할 수 있는 독특한 공간이다. 이 도서관의 목표는 명확하다. 이곳을 방문하는 모든 트윈 세대들을 즐겁고 행복하게 하는 것! 도서관의 디자인과 서비스에도 이 목표가 충실히 반영되어 있다.

티오트레톤은 스웨덴 스톡홀름에 있는 대형 문화센터 쿨투르후세트Kulturhuset의 2층에 자리하고 있다. 이곳은 다른 도서관들처럼 시민들의 세금으로 운영되는 곳이다. 트윈 세대 전용 도서관이라는 아이디어는 스톡홀름 시립도서관Stockholms Stadsbiblioteket의 전 관장 카티 호플린Katti Hoflin의 머릿속에서 나왔다. 그녀는 이 세대 아이들이 기존의 도서관에 흥미를 잃고 자주 찾아오지 않는다는 사실에 주목했다. 호플린은 어떻게 하면 아이들의 마음을 바꿔 도서

◆

트윈 세대를 위한 도서관 티오트레톤에서 아이들은 자유롭다. 의자에 올라가 푹신푹신한 등받이에 기대 발을 뻗고 뒹굴어도 누구도 뭐라 하지 않는다. 심지어 재미있게 놀 수 있는 게임까지 갖춰져 있다. 물론 서가의 책을 봐도 된다. 그야말로 아이들 뜻대로 있어도 되는 공간이다. ⓒ TioTretton

티오트레톤 입구에 있는, 정리되지 않은 아이들의 신발들. 이곳은 신발을 벗는다는 규칙만 있을 뿐 그 외에는 어떤 규제도 없다.

관에 오게 할 수 있을까 고민하는 대신 아예 도서관을 바꿔보기로 결심했다.

그런데 트윈 세대 아이들이 바라는 도서관은 어떤 모습일까? 호플린은 답을 찾기 위해 연구를 시작했다. 스톡홀름의 트윈 세대 125명을 대상으로, 자유 시간에 무엇을 하고 싶으며 그들이 바라는 꿈의 공간은 어떤 것인지, 그리고 독서에 대해 어떻게 생각하는지를 묻는 설문 조사를 실시했다.

조사 결과는 흥미로웠다. 아이들이 원하는 것은 '자기만의 공간'이었다. 트윈 세대 아이들의 모든 것은 대개 어른에 의해 결정된다. 어른들은 아이들에게 무엇을 하라고 지시하고 무엇은 하지 말라고 명령한다. 아이들은 '무엇이 옳고 무엇이 틀리다'는 어른들의 이야기를 듣는 데 지쳐 있었다. 이들이 원한 어른은 자신의 이야기를 듣고 이해해주는, 부모나 선생님이 아닌 성인이었다.

티오트레톤은 이 '제3의 성인' 역할을 담당하기로 했다. 이곳의 사서들은 부모도 선생님도 아닌 '제3의 성인'으로 행동하는 법을 훈련받는다. 특히 아이들에게 말을 건넬 때 예민하게 신경을 쓴다. 예를 들면, 사서들은 여성과 남성에 국한된 대명사를 사용하지 않는다. 아이들의 가족 관계, 출신 지역, 소속 학교를 비롯해 심지어는 이름조차 묻지 않는다. 그저 아이들이 편히 찾아와 또래들과 어울리며 즐겁게 책을 읽고 자신의 정체성을 확립할 수 있는 자유로운 분위기를 만들어줄 뿐이다.

티오트레톤의 사서들은 책을 읽거나 뜨개질을 하거나 그림을 그리며 도서관에 있다. 아이들이 먼저 말을 걸어올 때까지 대기 상태로 있는 것이다. 아이들의 주의를 끌거나 가까이 다가가야 할 때는 개인적인 질문을 하지 않는다. 대개 무엇을 하고 있는지 혹은 무슨 책을 읽는지 정도를 묻는다. 무심한 듯하지만 한 공간에 머물며 함께 시간을 보낼 뿐이다.

이처럼 권위주의에서 벗어나 아이들을 가르치려 들지 않는 태도가 오히려 긍정적으로 작용한다고 한다. 즉 트윈 세대 아이들은 독서와 영화, 음악 분야의 전문가가 그들을 도와주는 것을 반기지 않는 것이다. 아이들과 함께 앉아 배우려는 태도를 보일 때 아이들의 마음은 자연스럽게 열린다.

호플린 전 관장은 새로운 공간을 기획하면서 도서관 안에 부엌이 있어야 한다고 강력하게 주장했다. 책을 읽고 있을 때 풍겨오는 음식 냄새가 자극이 되고, 후각·촉각·시각의 요소가 아이들에게 다양한 정서를 불러일으킨다는 이유에서였다. 이러한 의도로 만들어진 커다란 부엌에서는 아이들이 요리를 하고 같이 먹으면서 이야기를 나눈다. 아이들은 망칠지도 모른다는 걱정 없이 제멋대로 재료를 섞어가면서 음식을 만든다. 부엌은 이처럼 무엇이든 섞어보고 무슨 일이 벌어지는지를 살펴보기에 좋은 곳이다.

도서관 활동의 중심은 독서다. 이 새로운 공간은 10대들의 주목을 끌고 그들에게 책을 읽게 하기 위해 만들어졌다. 하지만 독서는 아이들이 주체가 되어 스스로 해야 한다. 독서를 강제하면 아이들은 도리어 독서에 흥미를 잃어버리기 때문이다.

티오트레톤에는 통상적인 도서 분류법이 아닌 몸, 정신, 모험, 역사 등의 주제에 따라 책이 배치되어 있다. 아이들은 이곳의 책들을 내키는 대로 골라 읽을 수 있다. 먹고 싶은 것을 만들기 위해 서가에서 요리 책을 찾아보고, 재봉틀로 코스튬을 만들다가 서가에 와서 텍스타일에 관한 책을 들춰본다. 기타로 연주를 하고 자신만의 음악을 만든다. 3D 프린터로 핸드폰 케이스 같은 소품을 직접 제작해보기도 한다. 도서관에서 보유하고 있는 아이패드로 영화나 방송 프로그램을 만들어 다른 이들과 공유한다.

사서들은 아이들이 말 걸어오기를 기다려주고 그들의 이야기를 들어주며 대화를 나눌 뿐이다. 아이들에게 마음껏 도서관을 경험하게 하는 것, 그것이 티오트레톤의 사서가 하는 일이다.

엉망진창 뒤죽박죽, 발라간

스웨덴의 항구도시 말뫼에 있는 말뫼 시립도서관[Malmö Stadsbibliotek] 안에도 트윈 세대를 위한 공간이 있다. 히브리어로 '엉망진창' '뒤죽박죽'이라는 뜻의 '발라간[Balagan]'으로, 9~13세 아이들만을 위한 공간이다. 이곳 역시 티오트레톤과 마찬가지로 특정 연령대의 아이들로만 이용자를 제한하고 있다. 하지만 이곳은 무엇보다도 아이들의 필요와 요구가 적극적으로 반영된 공간이라는 데 더 큰 의미가 있다.

말뫼 시립도서관은 발라간이 어린이 도서관의 개념에 도전하는 공간이 되길 바랐다. 발라간은 문해력을 높이고 창의성을 키우며 책이 있는 기존 어린이 공간의 필요성을 충족하면서도 아이들이 재미있게 놀고 게임도 할 수 있으며 책을 읽도록 영감을 주는 실험적인 '이야기 체험관[Story Exploratorium]'의 형태로 구상되었다. 어린이들이 무언가를 배우는 유익한 공간이면서 즐겁게 놀 수 있는 장소이자 새로운 친구들과 만날 수 있는 장을 만들고 싶었던 것이다.

이 프로젝트를 구상하는 과정에서 가장 주의를 기울인 것은 아이들이 정말로 바라고 원하는 것이 무엇인지 찾는 일이었다. 티오트레톤의 설문 조사에 버금가는 작업이 시도되었다. 도서관은 말뫼 시내의 트윈 세대 학생들을 초청해 워크숍을 열었다. 인테리어 디자이너들이 100여 명이 넘는 학생들과 대화하며 공동 작업을 거친 후에야 비로소 발라간의 구체적인 모습이 드러났다. 아이들의

◆

트윈 세대를 위한 도서관인 발라간에는 기존 도서관에 있는 서가뿐만 아니라 다양한 활동을 할 수 있는 공간이 갖춰져 있다. 아이들은 이곳에서 자유롭게 책을 볼 수도 있고, 요리를 할 수도 있고, 악기를 연주하거나 무언가를 만들 수도 있다.

다양한 아이디어를 수합해 이용자 중심의 공간 디자인을 도출해낸 것이다.

우선 발라간은 트윈 세대들이 접근하기 쉽도록 말뫼 시립도서관 내부의 가장 중심 구역에 만들어졌다. 다른 세대 이용자들의 방해를 받지 않도록 독립적이면서, 동시에 트윈 세대라면 누구든 이용할 수 있는 열린 공간이다. 서구 문화권에서는 신발을 벗는 게 익숙지 않은데, 이곳에서만큼은 티오트레톤과 마찬가지로 모두 신발을 벗어야 한다. 그랬을 때 아이들이 편하게 움직일 수 있고, 먼지나 소음도 줄일 수 있기 때문이다.

이용자가 많을 땐 매우 소란스럽지만, 큰 도서관 안에 따로 떨어진 작은 독립 공간이라 큰 문제는 없다. 아이들에게는 배우는 것과 노는 것이 따로 구분되지 않으므로, 여기에서만큼은 모든 행동이 허용된다. 서가 위에 올라가도 괜찮다. 다양한 문화적 배경을 가진 아이들을 위해 100여 개의 언어로 된 책들이 제공되며, 모국어로 된 책을 소리 내어 읽는 아이도 보였다.

발라간에서는 다양한 프로그램이 진행되는데, 매주 수요일에 열리는 '수요일 클럽'은 상당히 흥미롭다. 9~13살 어린이라면 누구든 참여할 수 있는데, 아이들은 스크랩북 만들기와 재활용 활동을 벌이고 발라간 내부를 새롭게 꾸미기도 한다. 과자를 먹으며 책과 영화와 음악에 대해 이야기하는 시간도 갖는다.

발라간의 공간 구성은 다채롭다. 다락방처럼 으슥하고 조용한 공간도 있고, 싱크대가 있는 부엌도 있으며, 마음대로 작업할 수 있는 미술실도 있다. 드럼과 전자 피아노가 있는 음악실에서는 처음 만난 친구들과 즉석 합주를 하기도 한다. 그렇게 발라간은 스웨덴 말뫼 아이들을 위한 공간으로 자리하고 있다.

이곳이 과연 도서관일까, 의구심이 드는 도서관

스웨덴의 옆 나라 노르웨이에도 트윈 세대와 관련해 눈여겨볼 도서관이 있다. 오슬로에 있는 비블로 퇴위엔 Biblo Tøyen 은 건물이 웅장하지도 않고, 인테리어가 눈에 띌 만큼 아름다운 것도 아니다. 특별한 서비스가 있는 것도 아니고, 역사적 가치가 있는 자료를 소장하고 있지도 않다. 공간도 600제곱미터 정도밖에 되지 않는다.

오히려 이 도서관은 일반적인 도서관과 많이 다르다는 게 특징이다. 열람실에는 '테디'라는 이름의 볼보 트럭이 있고, 잠수함 내부 시설 같은 방도 있고, 놀이 시설에서나 볼 수 있는 회전용 의자도 있다. 오렌지색과 빨간색 스키 곤돌라가 천장에 매달려 있고, 박제된 새가 한쪽에 놓여 있는가 하면, 빨간색 구형 공중전화 부스도 두 대나 있다. 서가가 있지만 부엌, 워크숍 공간, 게임 룸, 무대도 있고, 책뿐만 아니라 영화와 게임, 만화 등이 이 마술 공간을 구성한다. 밖에서 보면 이곳이 정말 도서관이 맞는지 의구심이 들 정도다. 게다가 이 도서관은 누구나 들어갈 수 있는 곳도 아니다. 10~15세로 이용 대상이 제한되어 있다. 나머지는 출입 금지. 그렇다면 왜 굳이 이 나이대 아이들로 이용자를 한정한 걸까?

비블로 퇴위엔의 입구를 지키고 있는 안내 데스크. 구형 오락기를 재활용해서 만들었다.

노르웨이의 학교에는 SFO라고 불리는 방과후학교 프로그램이 있다. 초등학교 1~4학년 학생들은 이 프로그램에 참여해 5시까지 친구들과 놀거나 숙제를 하는 등 다양한 활동을 할 수 있다. 하지만 학교가 끝난 후에 갈 곳이 마땅치 않은 5학년 학생들이 문제였다. 비블로 퇴위엔은 바로 이 학생들이 즐겁고 안전하게 지낼 수 있는 장소로 기획되었다.

이곳 역시 트윈 세대의 자유가 보장되는 곳이다. 여기서는 조용히 해야 한다, 음식을 먹어서는 안 된다는 식의, 도서관에서 통용되는 일반적인 규칙 따위는 잊어도 된다. 무엇이든 해도 괜찮다. 공식 명칭은 도서관이지만, 굳이 책을 읽지 않아도 된다.

비블로 퇴위엔은 약 3000여 권의 청소년 도서를 소장하고 있지만, 책은 십진분류법으로 분류되어 있지 않다. 책은 '짧지만 좋은' '로봇에 대하여' 등과 같은 단순한 카테고리로 주제와 특성에 따라 배치되어 있다. 그마저도 마음대로 옮겨놓아도 괜찮다. 책이 가득 꽂혀 있는 책꽂이는 천장에 레일 형태로 걸려 있어서 가볍게 밀어서 움직일 수 있다.

그런데 책이 뒤죽박죽 놓여 있다면 보고 싶은 책은 어떻게 찾을 수 있을까? 비블로 퇴위엔에는 북 드론이 있고, 모든 책의 표지에 책 정보가 입력된 전자 태그^{RFID}가 붙어 있다. 북 드론은 매일 밤 서가 사이를 날아다니며 모든 책들의 전자 태그를 스캔해서 도서의 위치를 파악한다. 이 정보를 토대로 다음 날 이용자들은 쉽게 책을 찾을 수 있다. 도서관 회원 카드에 마이크로칩이 부착되어 있어 자료 대출도 빠르고 간단하게 처리된다.

비블로 퇴위엔을 찾은 아이들은 누군가의 방해를 받지 않을 수 있는 스키 곤돌라에 들어가 숙제를 하기도 하고, 도서관이 제공하는 각종 재료들을 이용해 무언가를 만들기도 하며, 새로운 친구들과 함께 다양한 활동을 하기도 한다. 레고를 조립하고, 체스를 두고, 연극을 하고, 컴퓨터 게임을 하고, 조리 시설이 갖춰진 핑크색 트럭에서 음식을 만들고, 3D 프린터로 물건을 제작한다. 트럭 보닛 안에 들어가 독서 삼매경에 빠져 있는 아이도 있다.

금요일이 되면 실내의 무대는 영화관으로 바뀐다. 작가, 디자이너, 래퍼 등을 초청해 '독서 수다^{Biblio Chat}' 모임을 열기도 한다. 이

비블로 퇴위엔은 재활용품을 활용해 아이들이 여러 가지 활동을 할 수 있는 다양한 공간을 만들어두었다. 그런데 트럭 보닛 안에 들어가 책을 읽는 아이를 보라. 아이들은 어른들의 상상력을 넘어서는 방식으로도 이 공간을 활용한다.

곳은 아이들이 맘 편히 쉴 수 있는 휴식처이자 학교와 집 이외에 제3의 배움의 장이며, 자신의 아이디어로 마음껏 무언가를 만들고 시도해보는 공간이다.

비블로 퇴위엔, 빈민 지역에 들어선 창의적인 도서관

비블로 퇴위엔의 또다른 흥미로운 점은, 이곳의 인테리어에 사용된 재료들이 모두 재활용품이라는 것이다. 오스트리아에서 가져온 스키 곤돌라, 이탈리아에서 공수해온 차, 아일랜드에서 가져온 마룻바닥, 페루에서 가져온 원목 등 전 세계 각지에서 얻어온 것들로 공간이 채워져 있다. 오래되고 낡은 것들이었지만 이곳에 가져다놓으니 새로워 보인다. 해체한 뒤 고쳐서 완전히 새로운 물건처럼 만들어놓은 것들도 있다. 이 모든 것은 이동이 가능하다.

비블로 퇴위엔의 기획자들은 상당수가 이전에 프로젝트 매니저, 사진작가, 디자이너, 유치원 교사 등으로 일해온 이들이다. 즉 아티스트와 문화 활동가 다수가 이 기획에 참여했다. 이들은 자신들의 새로운 관점으로 도서관 공간을 디자인해갔다.

우선 이들은 도서관 이용 대상으로 구성된 포커스 그룹과 이야기를 나누었다. 포커스 그룹 아이들은 부모나 형제로부터 벗어나 친구와 어울리며 쉴 곳을 원했다. 사교 모임을 할 수 있는 안전한 공간도 필요로 했다. 새로운 것을 만들고 친구들과 함께 작업할 수 있는 장소를 갖고 싶어했다. 멋있고 창의적이면서도 편안한 곳, 배우고 탐구하며 자기 본연의 모습으로 지내도 괜찮은, 학교와 집 사이의 제3의 공간이 아이들에게 필요했던 것이다.

비블로 퇴위엔의 직원 카렌 퇨테^{Karen Tømte}는 이 도서관의 개관을 준비하면서 어느 순간 상사가 "이제 그만!" 하고 제동을 걸어오지 않을까 내심 걱정했다고 한다. 자기뿐만 아니라 동료들 역시 그러했는데 걱정과는 달리 한마디의 제재도 듣지 않았고, 이에 더욱 신이 나서 아이디어를 마음껏 펼쳐보였단다. 이처럼 조직 내에서의 제약이 없었기에 세상에서 유례를 찾기 힘든 창의적인 공간이 탄생한 게 아닐까?

나와 이야기를 마치고서 카렌은 아이들을 위해 스무디를 만들어야 한다며 자리에서 일어났다. 스무디의 재료가 되는 바나나는 도서관 바로 앞에 있는 슈퍼에서 무료로 제공해준다. 이 바나나는 판매 가능한 유통 기한을 넘겨 고객에게 돈을 받고 팔 수 없는, 하지만 먹는 데는 아무런 지장이 없는 것이라고 했다.

비블로 퇴위엔에는 책임자 1명을 비롯해 일주일에 37.5시간을 일하는 정규직 5명과 보조직 4명이 근무한다. 2015년부터 준비 작업을 시작했고, 2016년 3월 31일 개관했다. 개관 초기에는 매일 200여 명의 청소년이 찾아왔는데, 이제는 일평균 50~100명가량이 도서관을 찾는다.

평일에는 학교가 끝나는 오후 2시부터 7시까지 도서관을 운영한다. 평일 오전에는 학생들을 단체로 받아 책 읽어주는 활동을 한다. 주말에는 오후 12시부터 4시까지만 문을 연다. 이후의 시간은 가족과 함께 보내라는 의도인데, 트윈 세대 아이들은 폐관 시간이 되어도 이 멋지고 환상적인 공간을 떠나고 싶어하지 않는다.

비블로 퇴위엔은 10~15세 아이들을 이용자로 한정하고, 이들을 위해 만든 도서관이다. 그러나 무엇보다도 놀라운 것은 이 도서관이 빈민 지역에 세워진 공간이라는 점이다. 비블로 퇴위엔은 오슬로 중앙역에서 지하철로 불과 2개 역이 떨어진 곳에 있는데, 사회문제가 빈번하게 일어나는 지역이며 주민들도 대부분 가난하다. 이처럼 혁신적인 실험이 뜻있는 개인이나 사기업의 후원에 의해서가 아니라 정부의 힘으로 구현되었다는 것은 상당히 뜻깊다. 비블로 퇴위엔은 오슬로 공공도서관의 분관이며, 정부의 세금으로 운영된다. 함께 온 부모나 보호자는 이곳에서 불과 70미터 떨어진 오슬로 퇴위엔 공공도서관을 이용하면 된다.

비블로 퇴위엔은 상상력과 창의성을 장려하는 공간이다. 하지만 이곳의 중심은 여전히 책이다. 도서관 직원들은 아이들이 여기에서 친구들과 어울리며 다양한 활동을 하고 끊임없이 무언가를 배우기를 바라지만, 그 가운데서도 도서관에 있는 책들에 관심을 갖고 읽는 것을 멈추지 않기를 희망한다.

이곳의 아이들은 밝고 즐거워 보인다. 카렌을 비롯해 이곳 직원들도 일하는 내내 활짝 웃고 다닌다. 이곳보다 더 행복한 곳은 없다는 표정이다. 어떻게 하면 트윈 세대 이용자들을 더 즐겁고 행복하게 해줄지가 도서관 직원들의 업무인데, 어찌 그들의 일이 즐겁지 않겠는가?

07

미국 청소년들의
핫 플레이스,
인기 만점 도서관을 찾아서

◆ 샴버그 타운십 지구 도서관 Schaumburg Township District Library 의

틴 플레이스 Teen Place (미국)

◆ 보스턴 공공도서관 Boston Public Library 의 틴 센트럴 Teen Central (미국)

◆ 해럴드 워싱턴 도서관 센터 Harold Washington Library Center 의 유미디어 YouMedia (미국)

질풍노도의 시기를 보내고 있는 청소년들을 위해
도서관들은 어떤 고민을 하고 어떤 서비스를 제공하고 있을까.
어디로 튈지 모르는 이 시기 아이들은 어떤 도서관을 원하고 있을까.

ⓒ Boston Public Library

어린이실에서 청소년 서비스를 제공하던 미국 공공도서관들은 요즘 청소년 공간에 변화를 주고 있는 추세다. 이들은 별도의 청소년 공간을 조성하고 세련된 디자인으로 실내를 꾸미며 컴퓨터, 3D 프린터, 텔레비전, 게임기 등을 구비하고서 10대들의 흥미를 끌어보려 애쓰고 있다.

특히 청소년들의 눈길을 사로잡는 디지털 미디어 스튜디오는 현재 미국 공공도서관의 새로운 트렌드로 부상 중이다. 각종 소프트웨어와 카메라, 녹음 시설 등을 갖춘 디지털 미디어 스튜디오는, 자료 및 정보 서비스와 평생교육으로 대표되는 도서관의 기본 가치에 문화 콘텐츠 창출이라는 새로운 의미를 부여하고 있다. 이는 이용자들이 도서관의 자원을 활용하여 무언가 새롭고 의미 있는 것들을 생산하고 있다는 점에서 주목할 만하다.

청소년들의 인기 만점 공간, 틴 플레이스

미국 일리노이주에 있는 샴버그 타운십 지구 도서관Schaumburg

Township District Library은 대형 서점 같은 깔끔한 서가와 거실 같은 편안한 분위기로 이용자를 맞이한다. 웬만한 매장을 능가할 정도로 음악 CD와 영화 DVD를 소장하고 있어서 이곳이 모든 것을 무료로 빌려주는 도서관이라는 게 실감나지 않는 곳이다.

이 도서관에는 청소년들이 모여서 숙제도 하고 어울릴 수 있는 '틴 플레이스Teen Place'라는 일종의 10대 청소년 센터가 있다. 이곳은 샴버그 지역에 거주하는 12~19세 청소년 1만 1000여 명을 위한 공간으로, 2012년 11월 개관했고 공간 조성에는 약 120만 달러(한화로 13억 2000여만 원)이 소요되었다. 592제곱미터 규모의 틴 플레이스는 학습 공간, 행사와 토론 공간, 비디오 제작실은 물론 음료 자판기까지 갖춘 청소년들의 사교 공간이다. 젊은이들 용어로 '핫'하다고 해야 할지, 아니면 '쿨'하다고 해야 할지. 흥미진진한 책과 게임기, 최신 전자 기기, 세련된 인테리어로 청소년들에게 인기 폭발 중이다.

틴 플레이스에서는 학교에서 배우는 각 과목별 교재, 청소년을 위한 각종 책, 만화와 잡지 등을 비치하고 있으며, 800여 개의 음악 CD와 영화 DVD도 소장하고 있다. 또한 청소년들이 좋아할 만한 컴퓨터(맥북 프로 30대, 아이맥 프로 4대, 아이패드 5대)를 비롯해 3D 프린터와 스캐너, 각종 게임기(플레이스테이션 3, 엑스박스 360, 위) 등도 갖추고 있다. 청소년들은 이곳에서 공부하고 도서관에서 진행하는 프로그램에 참여하거나 영화를 감상하며, 친구들과 토론을 벌이고 함께 게임을 하며 음악과 비디오를 제작할 수도 있다.

틴 플레이스에서 영화를 보고 있는 아이들의 모습. 이곳은 국제인테리어디자인 협회(IIDA)에서 주는 2014년 도서관 인테리어 디자인상을 수상하기도 했다. ⓒ Schaumburg Township District Library

틴 플레이스 안쪽으로 들어가면 왼쪽 복도 끝에 비밀스러워 보이는 공간이 있다. 이곳은 디지털 프로덕션 스튜디오로, 기타, 베이스, 신시사이저, 전자 드럼 세트 등의 악기를 비롯해서 음악의 녹음과 믹싱, 비디오의 편집과 제작이 가능한 소프트웨어도 갖추고 있다. 아이맥 컴퓨터를 이용해 과거에 녹화해두었으나 집안에 방치되어 있는 VHS 비디오테이프를 디지털 DVD로 전환할 수도 있다.

기계치라도 두려워할 필요는 없다. 이곳에 상주하는 디지털 미디어 전문 직원은 적극적으로 각종 기자재 사용법을 가르쳐준다. 디지털 프로덕션 스튜디오에서는 이용자들이 도서관의 기자재를 활용해 자신의 콘텐츠를 직접 제작할 수 있다. 청소년 공간에 자리하고 있지만 성인도 이용 가능하며, 취미로 이러한 활동을 하려는 이들뿐만 아니라 소규모 비즈니스를 하는 이들에게도 열려 있다.

유서 깊은 도서관에 자리한 10대들의 보금자리, 틴 센트럴

보스턴 공공도서관 Boston Public Library 은 1848년 미국 최초로 공공 기금으로 설립된 도서관으로, 미국 의회도서관 다음으로 많은 장서를 보유하고 있는 유서 깊은 곳이다. 도서관은 두 개의 건물로 이루어져 있는데, 각각의 건물을 설계한 건축가 찰스 폴렌 매킴 Charles Follen McKim 과 필립 존슨 Philp Johnson 의 이름을 따서 매킴관과 존슨관으로 불린다. 1895년에 코플리 광장에 개관한 매킴관은 건물 자체가 하나의 예술 작품일 정도로 고풍스러운 아름다움을 자랑하고, 1972년에 문을 연 존슨관은 현대식의 모던하고 세련된 아름다움을 선보인다. 이 두 건물은 외관도 판이하게 다르지만 기능에도 차이가 있다. 단순하게 구분하자면, 매킴관은 이용자들에게 원하는 자료를 안내하고 그들의 질의에 응답하는 레퍼런스 도서관이고 존슨관은 실제로 자료 대출과 반납 업무를 하는 도서관이다.

'틴 센트럴 Teen Central' 은 2015년 2월 존슨관 2층에 문을 연 청소년 공간이다. 이곳은 보스턴 공공도서관에서 청소년 서비스와 프로그램에 대한 자문 활동을 하는 10대 리더십 위원회 Teen Leadership Council 청소년들의 아이디어로 구상되었고, 도서관의 청소년 담당 직원과 건축가들의 협력으로 만들어냈다. 이들이 내세운 모토는 "호마고 HOMAGO"다. 친구들끼리 모여서 새로운 기기들을 만지작거리고 새로운 디지털 기술에 푹 빠져보자 Hang out, Mess Around and Geek Out는 의미다. 즉 이곳은 10대 청소년 전용 공간이면서 지역 청소년들의 디지털 격차를 해소하기 위해 만들어졌다.

틴 센트럴은 디지털 실험실, 미디어 라운지, 숙제와 토론을 하는 공간, 조용한 학습 공간으로 구획되어 있다. 디지털 실험실은 10여 대의 컴퓨터를 비롯해 3D 프린터, 오디오 및 비디오 편집 설비를 보유하고 있다. 다양한 소프트웨어도 갖추고 있어서, 청소년들은 이곳에서 애니메 스튜디오Anime Studio 와 망가 스튜디오Manga Studio 같은 만화 제작 프로그램, 에프엘 스튜디오FL Studio 같은 전자음악 제작 프로그램, 어도비 크리에이티브 수트Adobe Creative Suite 같은 그래픽 제작 프로그램, 코믹 라이프Comic Life 같은 앨범 및 학습 자료 제작 프로그램을 이용할 수 있다. 한편 미디어 라운지에는 공간의 성격에 걸맞게 정면 벽에 두 대의 80인치 모니터가 설치되어 있다. 이곳에서 청소년들은 영화를 보거나 플레이스테이션 4 같은 온라인 게임을 한다.

틴 센트럴에서는 기존의 도서관들이 해오던 프로그램을 비롯해서 청소년들이 좋아하는 다양하고 색다른 프로그램들을 많이 진행하고 있다. 작가 및 예술가와의 대화, 문학 창작과 낭송회, 미국우주항공국NASA 엔지니어와의 대화, 만화 그리기 워크숍, 애니메이션에 사용된 테크닉에 대한 토론, 영화 감상 등을 비롯해서 3D 프린터를 이용한 핸드폰 케이스 만들기, 블로그 제작하기, 개라지밴드GarageBand(초보자들이 음악 반주나 비트를 만들 수 있는 소프트웨어) 워크숍, LED 기술을 활용한 카드 만들기, 실매듭 팔찌 만들기 워크숍 등이 열린다.

보스턴 공공도서관 존슨관 2층에 있는 틴 센트럴 열람실. 일상적으로는
아래의 사진과 같지만, 행사가 열릴 때면 위의 사진처럼 서가와 테이블,
의자를 이동시켜서 사람들이 집중할 수 있는 공간을 만든다. 창가에 있
는 거꾸로 달리는 듯한 자전거가 눈에 띈다. ⓒ Boston Public Library(위)

이곳은 열람실의 분위기도 색다르다. 마치 세련된 식당 같은 분위기이고, 편안한 의자에서 친구들과 모노폴리 게임이나 보드 게임을 하면서 음식도 먹을 수 있다. 책들이 꽂혀 있는 서가 밑에는 바퀴가 달려 있는데, 대형 프로그램이나 행사를 진행할 때는 이 서가를 이동시켜 공간을 넓게 사용하기 위해서다. 책들은 10대들이 관심을 가질 만한 미스터리, 공상과학소설, 대도시, 성소수자, 여름 방학 독서 자료 등으로 선별되어 있다.

청소년 담당 사서인 메리 디바인Mary Devine에 의하면, 2015년 틴 센트럴이 새롭게 문을 연 이후 이용자가 45퍼센트가량 증가했다고 한다.

테크놀로지를 바탕으로 청소년을 끌어들인 유미디어

미국 시카고의 대표 도서관인 해럴드 워싱턴 도서관 센터Harold Washington Library Center는 7만 200제곱미터 규모로 세계에서 가장 큰 공공도서관이다. 도서관의 이름은, 1983년 아프리카계 미국인으로는 처음으로 시카고 시장에 당선된 해럴드 워싱턴의 이름을 딴 것이다.

이 도서관의 1층에는 청소년을 위한 혁신적인 학습 공간인 유미디어YouMedia가 있다. 이곳은 청소년들에게 책이나 미디어 관련 서비스를 제공할 뿐만 아니라 여러 분야의 멘토, 그리고 시카고 시내의 다양한 기관들과 청소년들을 연결시켜줌으로써 이들의 협력과 창의성을 고취하려는 의도로 설계되었다. 기존의 도서관이 해온 기능을 넘어서는 새로운 시도다.

유미디어의 매니저인 이베트 가르시아Yvette Garcia는 유미디어가 하는 일에 대해 이렇게 설명했다. "청소년들이 이 공간에서 배우는 기술들은 그들의 삶, 그리고 우리의 미래와 직결되어 있습니다. 그러므로 우리는 청소년들에게 고급 디지털 기술들을 알려줍니다. 또한 사진, 디자인, 패션 등 그들이 관심을 갖는 어떤 분야에 대해서든 배울 수 있게 해주지요."

유미디어에는 수천 권의 청소년용 책과 노트북 컴퓨터, 데스크톱 컴퓨터, 3D 프린터, 미디어 제작 기구와 소프트웨어 등이 있다. 비디오 카메라, 드로잉 태블릿 같은 디지털 장비, 사진과 비디오를 편집할 수 있는 소프트웨어의 사용법을 이곳에서 배울 수 있고, 키보드, 턴테이블, 믹싱 보드가 갖춰진 레코딩 스튜디오도 사용 가능하다. 청소년들은 이곳에서 노래를 만들고 비디오와 사진을 편집하고 팟캐스트까지 제작하면서 자신의 상상력과 창의력을 키워나가고 있다.

"유미디어는 창의적인 분출구입니다. 이곳은 학생들이 일상에서 접하기 어려운 많은 장비들을 갖추고 있어요. 프로그램들 중에는 레코딩 워크숍이 가장 인기 있지요. 몇몇 학생들은 벌써 아티스트의 경지에 이르렀습니다." 유미디어 사서인 세라 알렉산더Sarah Alexander의 말이다.

지역의 예술가들도 이러한 유미디어의 작업에 동참하고 있다.

유미디어는 새로운 기술을 배우려는 청소년을 위해 여러 프로그램을 진행하는데 상당히 인기가 많다.
그 외에 관련 멘토나 단체를 청소년들과 연결시켜주는 역할도 하고 있다. ⓒ Harold Washington Library Center

시카고에서 활동하는 예술가 제프 라산Jeff Lassahn은 유미디어의 멘토로 3년간 일해왔다. 그는 이곳에서 순수예술과 사진 기술을 병합한 워크숍을 열고 관심 갖는 학생들을 이끌어왔다. "이곳에서 배운 기술을 바탕으로 학생들이 인턴십 기회를 얻거나 취직을 하는 경우가 있었습니다. 그런 매우 실질적인 결과들 덕분에 긍정적인 반응을 얻기도 했지요. 이곳 유미디어가 아니었다면 이들에게는 별다른 기회가 주어지지 않았을 거예요."

2013년 시카고 대학 컨소시엄의 연구 결과에 의하면, 유미디어는 청소년들의 창의력 증진에 뚜렷한 영향을 미치고 있다고 한다. 이곳에서 진행되는 프로그램의 참가자들은 유미디어가 자신의 창의적인 관심을 키워나가는 데 안전하고 유용한 공간이며, 이러한 지원 덕분에 자신들이 지역사회에 대해 강한 소속감을 느낀다고 밝혔다.

08

평생교육의
최전선을 지키는
유럽의 도서관들

◆아이디어 스토어 Idea Store (영국)

◆ 퐁피두 센터 Centre Pompidou의 공공 정보 도서관 Bibliothèque Publique d'Information (프랑스)

학교를 떠나서도 무언가를 끊임없이 배우지 않으면 도태될 수밖에 없는 이 시대에
도서관이 전구의 빛과 같은 희망이 되어줄 수 있을까.
사진은 영국에 있는 신개념 도서관 아이디어 스토어의 내부.

현대사회는 지식과 정보가 넘쳐흐르는 세상이다. 게다가 그 변화 속도가 너무 빨라서 학교교육만으로는 흐름을 따라가기가 어려워졌다. 지금 우리는 끊임없이 배우지 않으면 금세 도태되어버리고 마는 세상에 살고 있다. 이런 가운데서 등장한 것이 바로 '평생교육'이다. 평생교육이란 특정한 사람뿐만 아니라 모든 사람에게 일평생 학습의 기회를 보장해야 한다는 개념이다. 학교라는 공식교육의 장을 벗어나서도 지속적으로 변화하는 세계에 대해 배우고 익힐 수 있는 조건을 사회가 만들어가야 한다는 것이다.

1980년대에 이 개념이 대두된 이후 도서관에서는 평생교육 프로그램을 운영하기 시작했다. 이들 프로그램은 개인의 자발적 참여를 통해 이뤄지는 활동으로 실생활에 필요한 지식과 정보 교육에 중점을 두고 있다. 또한 도서관들은 지역의 문화 및 교육 기관들과 연계해 이용자에게 제공하는 프로그램을 더욱 풍부하게 만들어가고 있다. 이제부터는 평생교육 기관으로서 공공도서관의 역할을 충실히 수행하고 있는 유럽의 두 도서관, 영국의 아이디어 스토어와 프랑스의 공공 정보 도서관을 살펴보자.

아이디어 스토어Idea Store는 지역 주민들의 이야기에 성심껏 귀
기울이는 것을 탄생의 출발점으로 삼았다는 점부터가 신선하다.
영국 런던의 타워 햄릿 지역은 도서관을 건립하기 전 여론조사 전
문 기관에 의뢰해 지역 주민들을 대상으로 대대적인 설문 조사에
나섰다. 시민의 10분의 1이 참여한 광범위한 조사였다. 이 과정을
통해서 지역 주민들이 도서관에 무엇을 원하는지 알아내고 이들이
도서관에 오지 않는 이유도 철저히 파악했다.

타워 햄릿은 런던 외곽에 있는 낙후된 지역이다. 2014년 통계에
의하면 총인구 28만 4015명 중에서 69퍼센트가 18개의 소수 인종
그룹일 정도로 높은 인종적 다양성을 보이는 곳이다. 영국계 백인
비율이 31퍼센트를 차지하는데 방글라데시인 비율이 이보다 1퍼
센트 높고, 뒤이어 아프리카계 흑인이 3.7퍼센트, 중국인이 3.2퍼
센트, 인도인이 2.7퍼센트 등의 분포를 보이고 있다. 해외 출신 이
민자들이 많이 거주하는 이 지역은 주민들의 소득이 낮은 편이다.
지역 주민의 특성상 조사를 위한 설문지는 영어뿐만 아니라 벵골
어, 소말리아어와 같은 외국어로도 만들어 배포되었다.

장장 2년에 걸친 대규모 설문 조사 프로젝트는 의미 있는 결론
을 도출해냈다. 응답자의 98퍼센트는 자신의 요구에 부합하는 도
서관이 있다면 그곳을 이용하겠다고 답했다. 그들이 원하는 도서
관은 접근성 좋은 위치에 있고, 출입이 편하고, 편한 시간에 이용할

수 있도록 운영 시간이 길고, 질적 서비스를 보장하는 현대적인 시설이었다. 또한 도서관에서 평생교육을 위한 서비스, 이민자를 위한 언어 교육, 지역민을 위한 취업 정보와 직업 훈련 등을 제공해주길 바랐다. 이러한 조사 결과를 바탕으로 만들어진 것이 바로 신개념 도서관 '아이디어 스토어'다.

2002년 아이디어 스토어 바우Bow가 첫선을 보이자 주민들을 비롯해 많은 이들이 이 새로운 도서관에 환호를 보냈다. 타운 햄릿은 연이어서 2004년에 크리스프 스트리트Chrisp Street, 2005년에 화이트채플WhiteChapel, 2006년에 카나리 워프Canary Wharf, 2013년에 와트니 마켓Watney Market을 개관했다. 타워 햄릿 지역의 아이디어 스토어 다섯 개는 현재까지 매우 잘 운영되고 있다.

이들 아이디어 스토어는 모두 현대적이고 매력적인 건물에 들어섰고, 이용자들이 접근하기 쉬운 지역 중심지와 거리 한복판, 대형 슈퍼마켓 옆 등에 자리하고 있다. 예를 들면 화이트채플은 지하철역에서 가깝고 사람들이 많이 이용하는 시장 옆에 있어서 방문하기 쉽고 연이어 쇼핑을 하기도 좋다. 카나리 워프는 대형 금융기관과 사업체가 많은 고층 빌딩 사이의 경치 좋은 강가 옆 쇼핑몰 1층에 있다. 입지의 특성상 직장인들로 북적이는 곳이다.

그런데 아이디어 스토어 카나리 워프를 방문했을 때, 서가를 지나다가 도서관 장서에 응당 붙어 있어야 할 청구기호 라벨이 일부 서가의 책에서 전혀 보이지 않는 것을 발견했다. 열람실 가운데 있는 안내 데스크로 가서 사서에게 연유를 물었다. 그녀는 서가로 자

❶ 아이디어 스토어 화이트채플. 지하철역에서 5분 거리에 있으며, 도서관 뒤에는 전통 시장이 있고 도서관 앞에도 장사하는 이들이 진을 치고 있다.

❷ 아이디어 스토어 카나리 워프. 계단으로 내려가서 오른쪽 쇼핑몰 문을 열고 들어서면 바로 아이디어 스토어가 있다.

리를 옮겨 나에게 찬찬히 그 연유를 설명해주었다.

그녀의 설명에 의하면, 영국 공공도서관들은 논픽션과 픽션을 다르게 분류한다. 논픽션은 듀이 십진분류법에 따라 분류하지만, 픽션은 작가의 성에 따라 알파벳 순서대로 분류한다는 것이다. 아이디어 스토어 역시 이 도서 분류법을 따르고 있어서, 픽션에는 청구기호를 붙이지 않는다. 라벨이 붙지 않았기에 아주 깔끔한 책 표지를 볼 수 있다.

다만 논픽션에도 예외가 있는데, 전기^{biography}의 경우다. 전기는 듀이 십진분류법에 따라 등록을 해서 청구기호를 부여하지만, 서가에는 청구기호나 저자가 아닌 그 도서가 다루고 있는 인물 이름의 알파벳 순서대로 책을 둔다. 소설은 작가 이름으로 책을 찾는 편이 수월하고, 전기는 전기를 쓴 작가보다 그 책이 다루고 있는 인물 이름으로 책을 찾는 게 편리할 것이라는 이용자 관점의 책 배치 방법이다.

책 분류법이 다르긴 하지만, 모든 도서는 구입 즉시 도서관리시스템에 등록되고 도서의 소장 여부는 도서관 홈페이지의 카탈로그에서 확인할 수 있다. 분실을 우려하여 도서관의 모든 책 뒷부분에 책 정보가 입력된 전자 태그를 붙인다.

한편 아이디어 스토어에는 특별한 주제를 중심으로 책이 전시된 서가들을 쉽게 찾아볼 수 있다. 책들은 마치 서점의 진열대처럼 책 표지가 전면에 보이게 전시되어 있다. 아이디어 스토어에서는 이러한 서가 전시를 비롯해 도서 분류와 장서 관리를 담당하는 직원

표지가 보이게 책이 전시된 아이디어 스토어 서가의 모습. 책 아래에는 사서들이 만든 책 소개 메모가 붙어 있다.

을 스톡 챔피언 stock champion 이라고 부른다. 타워 햄릿 지역에는 전체 장서를 관장하는 한 명의 스톡 매니저 stock manager 가 있고, 이 매니저를 중심으로 각각의 아이디어 스토어에서 근무하는 여섯 명의 스톡 챔피언이 매월 정기 모임을 갖는다. 이 자리에서는 도서관의 장서 개발을 비롯해 특별 전시에 대한 논의가 이뤄진다.

평생교육 강좌 등 다채로운 서비스로 시민들의 마음을 사로잡다

아이디어 스토어는 기본적으로 지역 주민들에게 도서, 잡지, 음악 CD, 영화 DVD를 대여해주는 도서관의 핵심 서비스를 제공한다. 이는 오프라인뿐만 아니라 온라인으로 확장해서도 이뤄진다. 아이디어 스토어 이용자들은 도서관에 방문하지 않더라도 24시간 내내 온라인으로 최신 전자책, 오디오북, 잡지, 음악 등을 무료로

아이디어 스토어 화이트채플의 교육 실험실. 강의실 입구에는 주간 계획표가 붙어 있고, 바로 옆 서가에는 관련 책들이 비치되어 있다.

다운로드해서 보고 들을 수 있다. 또한 온라인으로 운전에 대한 이론을 배우고 시민권 취득 절차를 알아볼 수 있으며 어학 강좌 수강도 가능하다.

이외에 도서관에는 다양한 모임들이 개설되어 있다. 학교 숙제를 도와주는 클럽, 50세 이상을 위한 사교 클럽, 책을 읽고 토론하는 '북 브레이크Book Break' 등이 이곳에서 모임을 진행한다. 다양한 문화 행사들도 많아 도서관의 크고 작은 강의실은 각종 모임과 행사로 북적거린다.

무엇보다도 아이디어 스토어가 자랑스럽게 내세우는 것은 이 도서관의 평생교육 강좌들이다. 사업과 재정, 각종 기술, IT와 컴퓨터, 외국어, 언어 자격시험, 미술과 디자인, 사진, 패션과 텍스타일, 음악, 댄스, 요리, 건강과 신체 단련, 건강한 삶과 웰빙 등 다양한 주제의 강좌들이 이곳에서 열린다. 아이디어 스토어는 이러한 강좌들을 단독으로 진행하기도 하고, 지역의 교회, 학교, 아트센터 등과 연계해서 진행하기도 한다. 이렇게 만들어진 평생교육 강좌는 총 800여 개에 달한다. 주민들은 이런 강좌 덕분에 실생활에 필요한 기술을 익히고 다양한 문화생활도 가능하게 되었다고 말한다.

가장 최근에 문을 연 아이디어 스토어 와트니 마켓은 여기에 또 한 가지 서비스를 추가했다. '원스톱 숍 서비스One-Stop Shop Service'가 바로 그것이다. 여기에서는 지방세 납부, 주택 수당 지급, 주차 관련 문제 등 시에서 담당하는 행정 서비스에 대한 정보를 제공하고 민원 업무도 처리해준다.

사실 타워 햄릿은 아이디어 스토어를 만들면서 도서관에 대한 이용자들의 물리적 거리감을 해소해주는 것뿐만 아니라 심리적 저항감마저 허물고자 했다. 도서관의 편리한 입지는 분명 중요한 문제지만, 그렇다고 사람들이 자주 다니는 역이나 시장 근처에 도서관을 세운다고 해서 이용자들이 도서관을 자주 찾는 것은 아니다. 설문 조사에서 일부 이용자들은 도서관이라는 단어에 대한 거부감을 드러냈다. '도서관'이라는 이름이 교육 시설이라는 인상을 주어 심리적 거리감이 생긴다는 것이다.

타워 햄릿이 '도서관' 대신 '아이디어 스토어'라는 명칭을 채택한 것은 바로 이러한 이유 때문이다. '스토어store'는 미국에서 '상점'이라는 뜻으로 쓰이지만, 영국에서는 '저장고'나 '보관소' 같은 의미로도 사용된다. 따라서 '아이디어 스토어'는 '아이디어 저장고'라는 뜻이라고 보면 된다.

이용자들의 심리적 저항감을 극복하기 위해 아이디어 스토어는 또다른 시도를 선보였다. 그것은 편안한 분위기의 창출이었다. 단적인 예로, 아이디어 스토어 바우의 입구에 들어서면 제일 먼저 보이는 곳이 따스한 분위기의 카페다. 그리고 그 옆에 안내 데스크가 있다. 아이디어 스토어는 이처럼 안내 데스크의 위치를 사람들이 편히 드나들면서 말 걸 수 있는 곳으로 옮김으로써 도서관의 문턱을 낮춰가고 있다.

이와 결부해서 아이디어 스토어가 이용자들의 행동에 특별한 제재를 가하지 않는 점도 주목해볼 만하다. 기존 도서관들의 대표적인 규제인 핸드폰 사용, 음식물 반입, 자유로운 대화 등이 이곳에서는 모두 허용된다. 실제로 아이디어 스토어 화이트채플의 4층 열람실 옆 카페에서는 10여 명의 젊은 여성들이 먹고 마시며 편히 무언가를 논의하고 있었다. 느슨한 비공식 모임이 벌어지는 공간의 느낌이다.

아이디어 스토어는 분명 전통적인 도서관 개념에서는 벗어난 곳이다. '스토어'라는 단어에서 풍기는 느낌처럼, 이곳이 일종의 소매상점을 모델로 한 점도 눈에 띈다. 한눈에 알아볼 수 있는 또렷한 내·외부 표지판 디자인만 보더라도 이곳은 소매상점들과 닮아 있다. 책의 표지를 내세우며 전시하는 방법 역시 서점과 꽤 유사하다. 이렇게 편안하고 친근하면서도 새로운 도서관에서 평생교육과 정보 서비스를 제공한다는 것은 분명 이용자들에게 고무적인 일이 아닐까.

❶ 아이디어 스토어 카나리 워프의 입구 바깥쪽. 쇼핑 매장과 흡사한 모습이다.
❷ 아이디어 스토어 바우의 입구 안쪽. 카페가 가장 먼저 눈에 들어오고, 그 바로 옆에
안내 데스크가 붙어 있다. ⓒ Idea Store

에펠탑에 뒤이어 파리를 상징하는 랜드마크 중 하나로 떠오른 퐁피두 센터Centre Pompidou는 프랑스의 대통령이었던 조르주 퐁피두가 '대중을 위한 문화의 장소'로 건립을 추진한 공간이다. "저는 파리가 박물관인 동시에 창작 활동의 중심지 역할을 할 문화의 전당을 갖게 되기를 열망합니다. 시각예술, 음악, 영화, 문화 등을 아우르는 공동의 광장을 원합니다." 퐁피두 대통령이 센터 건립을 계획하면서 한 말이다.

이곳은 그의 재임 기간 이후인 1977년 2월 2일 문을 열었는데, 지하 2층에 지상 6층, 건평 41만 3320제곱미터의 규모로 건설되었다. 보부르 언덕에 지어진지라 파리 시민들은 이곳을 애칭으로 '보부르'라고 부르기도 한다. 퐁피두 센터의 외관은 첫눈에 거부감을 일으킬 만큼 충격적이다. 건물의 내장재가 외부로 드러나 있고, 배관용 파이프, 에스컬레이터 동선까지도 돌출되어 있다.

이 기념비적인 건물 안에 도서관이 있다. 프랑스 문화부에 소속된 공공 정보 도서관Bibliothèque publique d'information이다. 3개 층에 걸쳐 약 1만 제곱미터 규모로 만들어진 이 도서관에는 2100여 개의 이용자 좌석이 있다. 하지만 이토록 좌석 수가 많음에도 불구하고 이용자 초과로 입구에 줄을 서서 대기해야 할 만큼 이 도서관은 파리 시민들의 열렬한 사랑을 받고 있다. 도서관 입구의 안내 데스크에서는 현재 입관해 있는 이용자 수를 알려주고, 평일 저녁 시간이나 금요일 오후 4시 이후 같은 한산한 시간대에 도서관을 이용해달라는 안내를 한다. 이용자에게 최적의 환경을 제공하고 그들의 안전을 보장하기 위해 최대 이용자 수를 조절하고 있는 것이다. 다만 60세 이상의 노인, 장애인, 임산부의 경우에는 우선적으로 입장이 가능하다.

도서관 내부는 인테리어도, 열람실 책상이나 의자도 특별하지 않았다. 직사각형의 하얀 책상에 별 특징 없는 스탠드가 놓여 있고, 의자도 착석감이 특별히 좋다고 할 순 없는 평범한 철제 의자다. 하지만 빽빽한 서가만큼이나 길게 늘어선 책상에는 머리를 박은 채 몰두해서 책을 읽고 노트북에 무언가를 열심히 작성하는 사람들이 가득했다. 어디 한 군데 비어 있는 좌석을 찾기가 힘들었다. 지나다니는 사람들에 아랑곳하지 않고 털썩 바닥에 주저앉아 구석 벽에 등을 기댄 채 책을 읽고 노트북을 들여다보는 이들도 있었다. 그렇다면 이 도서관은 왜 이렇게 이용자의 사랑을 받는 걸까?

우선 이 도서관이 있는 퐁피두 센터 건물에 대한 사람들의 애정을 들 수 있다. 건물의 완공 당시에 사람들은 퐁피두 센터가 어색하고 튀는 모양새라며 거부감을 표하기도 했다. 나 역시 이 건물을 처음 봤을 때, 도서관의 외관으로는 그다지 어울리지 않는다고 생각했다. 하지만 이에 대한 파리 시민들의 반감은 차츰 사그라들었다. 사람들은 퐁피두 센터를 오히려 파리의 생생하고도 과감한 미적 감수성을 대변하는 중요한 상징으로 여기기 시작했다. 모더니즘과 포스트모더니즘이라는 건축적 담론에서 처음으로 이탈한 퐁피두

퐁피두 센터의 정면 모습. 언뜻 보면 건물이 완성된 것인지 건설되고 있는 것인지 알쏭달쏭한 외관이다. 정면에 사선으로 보이는 붉은색 구조물은 각 층을 연결하는 에스컬레이터다. 센터 앞 광장에는 이곳을 방문하려는 이들을 비롯해 여러 사람이 운집해 있다. ⓒ Jean-Pierre Dalbera

센터는 이제 세계 최고의 건축물 중 하나로 손꼽히고 있다.

하지만 도서관이 사람들을 끌어들이는 것은 이 독특한 외관 때문만은 아니다. 사람들은 자신의 문화적 욕구를 채우기 위해 이곳을 찾는다. 퐁피두 센터를 설계한 렌초 피아노Renzo Piano와 리처드 로저스Richard Rogers는 설계안 보고서에서 이 건물의 콘셉트를 "문화와 정보 그리고 엔터테인먼트의 건물"이라고 규정했다. 건축가들의 제안처럼 이곳은 이용자들이 각종 문화에 대한 새로운 정보를 제공받고 그 문화를 실제로 체험하면서 정보도 공유할 수 있는, 전문적이면서도 대중적인 복합 문화센터다.

퐁피두 센터에는 공공 정보 도서관 외에도 국립현대미술관Musée National d'Art Moderne, 산업창조센터Centre de Création Industrielle, 음향·음악연구소Institut de Recherche et Coordination Acoustique/Musique가 입주해 있다. 다양한 장르의 문화·예술 기관들이 이곳에 밀집해 있는 것이다. 그렇기에 사람들은 상시적으로 전시와 공연, 토론회가 열리는 퐁피두 센터에 와서 이를 즐기고, 관련 자료와 정보를 상당량 소장하고 있는 도서관에도 들르게 된다.

이 모든 것을 아우름으로써 거둘 수 있는 시너지를 고민하는 곳답게 퐁피두 센터는 개방적이다. 에스컬레이터나 계단을 통해 건물로 들어오면 서쪽에는 독특한 파사드가 보이고, 건물 내부에서는 유리 벽을 통해 광장을 내다볼 수 있다. 퐁피두 센터 앞 광장은 세계 각국에서 모여든 예술인들이 가득하고, 서커스나 시장, 야외극장, 카페 등 광범위한 이벤트를 위한 공간으로도 활용된다. 자유로운 만남이 이루어지고 활발한 대화와 토론이 벌어지는 이런 개방적 공간 덕분에 퐁피두 센터는 더욱 다이내믹한 분위기를 자아낸다.

건물 외관의 갖가지 원색들도 이런 활기찬 분위기를 한층 살려준다. 유리로 된 외벽은 투명색, 환기를 위한 배관은 파란색, 상하수도관은 초록색, 전기 배관은 노란색, 에스컬레이터는 붉은색, 즉 건물의 기능별로 각각의 색깔이 칠해져 있다. 그리고 이 모든 요소들이 퐁피두 센터를 복잡하지만 재미있는 건축물로 만들어준다. 도서관 내부 역시 주제별로 색깔을 달리하고 있어서 서가 구분이 쉽고, 중앙 통로를 중심으로 양쪽으로 서가와 열람 공간이 배치되어 있어서 자료에 대한 접근도 용이하다.

최신 자료의 집합소이자 최적의 언어 학습장, 공공 정보 도서관

퐁피두 센터 공공 정보 도서관의 목표는 '정보의 자유로운 이용'이다. 프랑스의 일반적인 공공도서관은 소정의 가입비를 지급해야만 회원 카드를 발급받고 도서관을 이용할 수 있다. 프랑스의 국립 도서관인 프랑수아 미테랑 도서관도 이용자의 연령이나 신분에 따라 자료 이용에 제한을 두고 이용료를 받는다. 하지만 공공 정보 도서관만큼은 가입 절차도 없고 신분 확인 절차도 거치지 않은 채 순서대로 줄을 서서 입장한다. 누구나 쉽게 드나들 수 있고 누구에게든 고급 정보를 제공하는 열린 도서관이다.

또 하나, 이곳은 장시간 도서관을 개방한다. 파리의 공공도서관 들은 일주일에 25~40시간 내외로 문을 여는 데 비해 공공 정보 도서관은 일주일에 62시간을 개방하고 있다. 주중에는 오후 12시에서 10시까지, 주말에는 오전 11시에서 오후 10시까지 열려 있기에 많은 이들이 이곳을 찾는다.

그렇다면 공공 정보 도서관의 장서량은 얼마나 될까? 이곳에는 약 40여만 권의 장서가 소장되어 있는데, 국립도서관치고 장서가 많은 편은 아니다. 하지만 이 도서관은 문화·예술에 관한 한 신간과 전문 서적을 빠짐없이 갖추고 있으며, 정기간행물 코너에도 전 세계의 예술 관련 책자들이 빼곡하게 놓여 있다.

자료를 살펴보니, 이 도서관은 2013년을 기준으로 연간 예산이 789만 유로(한화로 약 102억 원)이고 이중 3분의 1을 자료 구입비로 쓰고 있다. 그렇게 많은 돈을 자료 구입비로 쓰는데 왜 장서 수는 늘지 않는 걸까? 그것은 공공 정보 도서관이 옛 자료들을 다른 도서관에 기증하거나 과감하게 폐기하고 신간으로 장서를 채워 넣기 때문이다. 신간을 빠짐없이 구비하고 있다는 것, 그것이 이 도서관의 자부심 중 하나다. 이런 특성 덕분에 새로운 자료와 정보에 목말라하는 예술가와 관련 연구자들은 다른 어떤 곳보다 이곳을 먼저 찾는다.

한편 공공 정보 도서관의 2층 왼편에는 혼자 공부할 수 있는 독특한 공간이 있다. '오토포메이션Autoformation'이라고 불리는 이곳은, 멀티미디어 장비를 활용해 혼자서 어학 공부를 하는 곳으로 무

❶ 공공 정보 도서관 입구 근방에 있는 만화책 서가.

❷ 도서관의 열람실 내부. 사람들이 빽빽하게 들어차 있고, 여느 도서관
의 열람실과 다르지 않은 평범한 분위기다.

❸ 오토포메이션에서 언어를 배우고 있는 이용자들.

려 230여 개의 언어 학습이 가능하다. 오토포메이션에는 외국어와 관련한 각종 자료, 84대의 컴퓨터, 18개의 오디오/비디오와 오디오/DVD 터미널, 400여 개의 강의 교재와 교육용 소프트웨어가 구비되어 있다. 이곳을 이용하려면 시간과 자리를 예약해야 하고, 이용 시간은 1시간이 주어지지만 이후에 연장이 가능하다. 예를 들어 일본어를 배우고 싶다면, 안내 데스크에 가서 자기 단계에 맞는 자료를 받은 뒤 자리로 가서 컴퓨터의 데이터베이스에 로그인해 공부하면 된다.

도서관 홈페이지의 도서 목록을 살펴보면, 외국어 어휘를 넓힐 수 있는 교재를 비롯해서 회화나 시험에 대비할 수 있는 자료까지 망라해서 소장하고 있음을 알 수 있다. 또한 이들 자료 중에는 굳이 도서관을 방문하지 않더라도 온라인으로 집에서 공부할 수 있는 것들도 있다.

오토포메이션 맞은편에 있는 '세상의 텔레비전Télévision du Monde' 에는 세계 뉴스를 시청할 수 있는 16대의 텔레비전을 비롯해 인문, 경제, 법, 과학 등 다양한 분야의 외국 도서와 잡지가 비치되어 있다. 책자는 관외 대출이 안 되지만, 도서관에서는 자유롭게 열람 가능하고 복사도 할 수 있다. 한 층 올라가 도서관 3층으로 가면 음악과 영화 자료들이 갖춰져 있고, 앉아서 자료를 볼 수 있는 90여 개 자리가 있다.

150

09

공공도서관에도
학술 및 휴먼 데이터베이스가
필요하다

◆ 프린스턴 공공도서관 Princeton Public Library (미국)

◆ 퐁피두 센터 Centre Pompidou 의 공공 정보 도서관 Bibliothèque Publique d'Information (프랑스)

◆ 후쿠이 현립도서관 福井県立図書館 (일본)

도서관이 세상을 살아가면서 품게 되는 수많은 질문들을 푸는 데 도움을 줄 수 있을까.
참고봉사 데스크의 '물음표'는 그런 이용자들을 위해 오늘도 불을 밝히고 있다.
무엇이든 물어보세요. ⓒ임윤희

어떤 모임에 참석했을 때 들은 이야기다. 오랫동안 한 분야에서 활동해오셨고 그 분야의 권위자로 인정받을 만큼 전문적인 식견을 갖춘 분이 이런 말을 하셨다. "제가 주말에 집에서 청탁받은 원고를 쓰려고 했는데요. 주제에 대한 아이디어는 있고 글의 얼개도 다 짜놓았는데, 논거를 받쳐주는 구체적인 데이터는 온라인에서 도무지 찾을 수 없더군요. 동네 도서관에 가봤자 전문 자료는 없을 테고, 사서에게 물어봐도 별다른 조언을 못해줄 것 같아서 결국 글을 포기하고 말았어요." 개인 연구자의 고충과 지역 공공도서관의 한계를 이렇게 토로하신 것이다.

이는 비단 이분만이 겪고 있는 일이 아니다. 대학이나 전문 연구소에 소속되지 않은 연구자들, 혹은 개인적 필요에 의해 전문 자료를 찾는 이들이 흔히 겪는 문제다. 특히 외국어로 된 전문 자료는 조사 자체가 어렵고, 자료 소장 기관을 간신히 알아냈다 해도 이를 볼 수 있는 방법이 더욱 막막하다. 지역의 공공도서관에서 전문적인 자료나 정보를 제공하지 못하고 있고, 이를 안내할 수 있는 인력 자원, 즉 관련 분야에 대한 지식과 경험을 쌓은 사서가 없다는 것이

153

전국 공공도서관 1000개 시대를 자랑하는 한국 공공도서관의 현실이다. 그래서 전문 자료를 필요로 하는 이들은 대부분 국회도서관이나 국립중앙도서관에 직접 방문해 자료를 찾고 있다.

이런 일이 계속 벌어지는 걸 두고 봐야만 할까? 이제 우리도 각 지역의 대표 도서관이나 그보다 작은 도서관들에서 깊이 있고 전문적인 정보 자원들을 갖추고 서비스를 제공해야 한다. 그래서 지역의 이용자들이 굳이 먼 걸음을 하지 않아도 전문 자료에 접근할 수 있는 환경을 만들어야 한다.

이를 위해서는 도서관이 더 많은 데이터베이스를 구독해야 하며, 검색을 통해 필요한 자료와 정보를 최대한 빨리 살펴볼 수 있는 체제를 구축할 필요가 있다. 물론 고급 정보를 찾는 이용자를 자료와 연결시켜주는 휴먼 데이터베이스, 즉 참고봉사 전문 사서 역시 반드시 필요하다. 신뢰할 수 있는 고급 정보와 정확한 데이터를 신속하게 공급할 수 있는 인프라야말로 정보사회에 도서관이 갖춰야 할 필수적인 요소다.

다양한 전문 데이터베이스를 제공하는 프린스턴 공공도서관

미국 뉴저지주에 있는 프린스턴 공공도서관 Princeton Public Library 은 미국의 평범한 도서관 중 하나다. 이곳의 가장 놀랍고 부러운 점은 이용자들에게 온라인으로 다양한 정보 자원을 제공한다는 것이다. 도서관 홈페이지에는 '데이터베이스 A부터 Z까지'라는 페이지가 있다. 이용자가 찾기 쉽도록 알파벳순으로 데이터베이스를 정리해 놓았고, 데이터베이스 이름을 클릭하면 해당 페이지로 바로 연결된다.

프린스턴 공공도서관에서 제공하는 데이터베이스는 총 80개로, 한국의 어지간한 대학 도서관에서 제공하는 것에 버금갈 정도다. 예를 들면, 이곳을 통해 접속할 수 있는 엡스코EBSCO와 제이스토어 JSTOR 같은 학술 전문 데이터베이스에서는 고급 정보들을 볼 수 있다. 엡스코만 들어가 보더라도 경제, 소기업, 법률, 군대 및 정부 장서, 학술, 문헌정보, 문학, 교육과 관련한 전문 자료들이 가득하다.

이뿐만 아니라 각종 지역 정보와 직업 정보 등 실생활과 밀접하게 관련된 데이터베이스도 있다. 도서관이 있는 뉴저지의 직업 관련 정보 데이터베이스인 '뉴저지 커리어 커넥션New Jersey Career Connections'을 비롯해 각종 직업 정보를 제공하는 '퍼거슨 직업 안내 센터Ferguson's Career Guidance Center' '직업과 경력 촉진Job and Career Accelerator' 등에 접속하면 수많은 관련 정보들을 볼 수 있다. 지역 신문 아카이브인 '프린스턴 페이퍼Papers of Princeton', 학생들의 커리큘럼을 제공하는 '커리큘럼 리소스 센터Curriculum Resource Center'도 일상생활에 유용한 정보 자원들일 것이다. 이외에도 과학, 예술, 건강 등에 대한 데이터베이스까지 제공하는 것을 보고서 놀라움을 금할 수 없었다.

프린스턴 공공도서관에서 제공하는 또 하나의 특별한 서비스로, 무료 사서 예약 서비스가 있다. 일반적인 도서관에서도 많이 제공

◆

❶ 프린스턴 공공도서관에서 탐났던 것 중 하나는 천장으로부터 길게 늘
어뜨려진, 열람실 분위기를 그윽하게 만드는 전등이었다.

❷ 도서관 입구의 벽에는 한국 작가 강익중의 2004년작 〈행복한 세상
(Happy World)〉이 전시되어 있다. 이 작품은 프린스턴 지역 주민을 비롯
해 전 세계 어린이들이 그린 3인치짜리 그림들을 모아 만든 것이다.

하는 '사서에게 물어보세요Ask Us' 서비스가 도서관 회원 가입이나 대출 혹은 도서와 관련한 비교적 가벼운 질문들을 처리한다면, 무료 사서 예약 서비스는 이용자 개개인에게 맞춘 전문 상담을 제공한다.

이 서비스를 예약한 이용자에게는 1시간이 주어진다. 이용자의 질문을 받은 사서는 도서관 장서나 데이터베이스, 웹 서치 등을 통해 질문을 해결할 수 있는 자료에 접근할 수 있도록 도와준다. 즉 이용자의 연구 과제에 가장 적합한 정보 자원이 무엇인지 확인한 후, 도서관의 장서나 데이터베이스 혹은 컴퓨터를 비롯한 기기로 접근 가능한 자료를 이용할 수 있도록 조언하는 것이다.

온라인에서 물어보면 전문 사서가 답변해드립니다

이번에는 앞서 소개한 퐁피두 센터 공공 정보 도서관의 참고봉사 서비스를 하나 소개하고자 한다. 온라인 무료 레퍼런스 서비스인 '유레코이Eurêkoi'다. 특별한 주제에 대한 정보를 찾고 있거나 연구 자료에 대한 궁금증이 있을 때 유레코이의 홈페이지(eurekoi.org)나 페이스북 페이지(www.facebook.com/eurekoi)에 질문을 남기면 72시간 이내에 답을 얻을 수 있다(페이스북 페이지보다는 홈페이지가 좀더 활성화되어 있다).

학자나 연구자가 아니더라도 누구나 질문할 수 있으며, 차후 문제가 될 소지가 있는 의학 및 법률 자문을 제외하면 어떤 질문도

프랑스 공공 정보 도서관에서 운영하는 유레코이 홈페이지. 이곳에 질문을 하면, 72시간 내에 전문 사서들이 답을 찾을 수 있는 정보를 제공한다.

가능하다. 답변은 공공 정보 도서관이 운영하는 유레코이 네트워크 도서관들에 소속된 180명의 전문 사서들이 한다. 이름이나 신분을 밝히지 않아도 질문할 수 있으며, 답변은 이메일로 제공된다. 이렇게 주고받은 내용은 이후 다른 사람들이 참조할 수 있도록 공개되기도 한다.

그렇다면 유레코이 홈페이지에는 어떤 질문들이 올라올까? 질문들은 무척이나 다양하면서도 대개는 진지하다. "천문학자 헨리에타 레빗Henrietta Leavitt에 관한 책이 있을까요?" "중동에서 발행된 아랍 성경에 대한 참고 문헌으로는 무엇이 있을까요?" "음악이 사람의 행동과 기분에 미치는 영향에 관한 도서, 잡지, 웹 페이지를 추천해주세요." "수의학과 학생인데, 이슬람 국가의 동물 보호와 권리에 대한 논문을 쓰려고 합니다. 좋은 자료가 있을까요?"

하지만 진지한 질문만 있는 것은 아니다. 개인적인 호기심을 충족하기 위한 문의 사항들도 간간이 보인다. "연은 언제 만들어졌나요?" "영화가 발명된 이후로 얼마나 많은 영화들이 만들어졌나요?" "1980년부터 1985년 사이에 피에르 벨마르^{Pierre Bellemare}가 진행했던 라디오를 다시 들어볼 수 있을까요?"

올라온 질문들을 읽다보니, 문득 내가 이런 질문들에 얼마나 답할 수 있을까 하는 생각에 움찔해졌다. 나 혼자라면 이런 질문들에 모든 답을 제시할 수 없겠지만, 다루는 분야나 취미가 다른 사서들이 지식과 정보를 모으고 노력과 정성을 기울여서 자료를 찾아본다면 가능하지 않을까.

이용자에 대한 참고봉사를 강화한 후쿠이 현립도서관

일본의 중북부에 있는 후쿠이역에서 버스를 타고 중심가를 벗어나니 황량한 논밭이 펼쳐졌다. 그냥 지나칠까 고민했던 도서관이었는데, 그랬다면 무척 후회할 뻔했다. 도서관의 거대한 규모나 아름다움 때문만은 아니다. 일본 후쿠이현에 있는 후쿠이 현립도서관^{福井県立図書館} 이야기다.

사서들의 손길이 닿은 흔적이 곳곳에 보이는 도서관을 둘러볼 때면 마음이 흐뭇해진다. 이 도서관 역시 그러한 곳이었다. 열람실에는 사서들의 추천도서가 각 코너마다 전시되어 있다. 전시 주제와 도서 제목만 보더라도 사서들이 애쓴 흔적이 역력하다. 그래서일까. 논밭이 펼쳐진 곳에 덩그러니 있는 커다란 도서관에 400대의 주차 공간이 마련되어 있는데, 주말이면 이곳이 꽉 차서 인근까지 줄을 설 정도로 사람들이 드나든다고 한다.

서가 사이에 붙어 있는 안내문도 눈길을 끌었다. "인기 있는 도서를 기증해주세요." 예약이 집중되어 많은 사람들이 대출 순번을 기다리고 있는 책들을 기증해달라는 것이다. 개인이 구매한 후 완독했지만 이후에는 불필요한 책들을 기증해달라는 것인데, 아무 책이나 달라는 게 아니라 아예 목록을 만들어서 이러이러한 책을 기증해달라고 부탁하고 있었다. 홈페이지 공지 사항을 살펴보니, 이 기증 목록은 매달 업데이트된다.

또 하나, 지역 작가들의 작품을 기증해달라는 안내문도 보였다. 후쿠이 지역 작가들을 일본어의 50음순(한국어로 치면 가나다순)으로 나열하고 이들 작가의 필요한 작품 목록을 제시하면서 정중하게 기증을 부탁하고 있었다. 기증 물품은 도서에만 국한된 게 아니다. 작가의 친필 원고나 편지, 메모, 노트, 애용품, 소개 기사나 연구 자료가 실린 잡지, 절판 도서를 특별히 요청했다. 이처럼 지역 작가들의 작품을 최대한 모으고 관리함으로써 이용자들에게 지역에 대한 자부심을 갖게 하고 그것이 잘 이용되게 하는 것, 그것은 지역 도서관 사서들이 마땅히 사명감과 책임감을 갖고 해야 할 일이다.

이 도서관을 둘러보다 보니 또다른 서비스가 눈에 들어왔다. 공공도서관들은 안내 데스크에서 대출·반납 서비스를 함께하는 경우가 많다. 즉 이용자들의 문의를 받는 참고봉사 서비스와 대출·반납 서비스가 하나의 데스크에서 이뤄지는 것이다. 그런데 후쿠이

◆

❶ 후쿠이 현립도서관의 모습. 우아한 미술관 같은 외관의 도서관이다.

❷ 열람실에 있는 사서의 추천도서 코너. 도서관 곳곳에 이런 코너가 마련되어 있다.

❸ 조사 상담 카운터의 모습. 경험 많은 사서가 이용자들의 질문을 기다리고 있다.

현립도서관은 이 데스크가 분리되어 있었다. 대출·반납 데스크와는 별도로 '조사 상담 카운터^{調査相談カウンター}'를 마련한 것이다. 대학도서관이나 전문 도서관이 아닌 공공도서관으로서는 이례적인 일이다.

조사 상담 카운터에서는 경험 많은 사서가 이용자들을 위한 각종 상담을 도맡아 하고 있었다. 2015년 한 해 동안 이 도서관은 열람실 카운터뿐만 아니라 전화, 팩스, 우편, 메일 등까지 포함해 총 2만 7267건의 참고봉사 서비스를 제공했다고 한다. 전화 문의가 4228건, 구두 문의가 3653건, 문서 문의가 161건 등으로, 여느 대학도서관 못지않게 참고봉사 업무가 활발하게 진행되고 있었다.

후쿠이 현립도서관이 제공하는 참고봉사 서비스는 양적으로뿐만 아니라 질적으로도 우수하다. 사서들은 조사 내용과 관련된 자료나 연관 기관을 이용자에게 소개한 뒤, 답변 내용을 정리해 도서관 웹 사이트에 올려놓는다. '참고봉사 사례집'이라는 항목에 들어가보면, '최근 참고봉사 사례' '가장 클릭 수가 많은 사례 베스트 10' '후쿠이 현립도서관의 전체 참고봉사 사례'와 같은 식으로 정리가 되어 있다. 이는 참고봉사 데이터베이스 홈페이지(crd.ndl.go.jp/reference)를 통해서도 살펴볼 수 있다. 이 홈페이지에서는 '참고봉사 사례' '조사 방법 매뉴얼' '특별 컬렉션' '참가 도서관 프로필' 등으로 상세 검색이 가능하다.

또 하나 유의해서 볼 것은, 이 과정에서 만들어진 유용한 자료들을 조사 방법 안내서^{pathfinder}로 작성한 뒤 도서관 웹 사이트에서

PDF 파일로 제공한다는 점이다. 이용자들이 자주 찾거나 필요할 만한 것들을 주제별로 나눠 정리한 것인데, '도서관 책의 배가 방법' '후쿠이현의 신사와 사원을 조사하는 법' '도서관에서 구직 활동을 하는 법' '법률, 판례에 관해 조사하는 법' 등 다양한 주제들이 정리되어 있다. 이러한 자료들은 앞으로도 이곳 도서관의 사서들에 의해 작성되어 많은 이용자들에게 꾸준히 활용될 것이다.

3장

기록의 힘,
자료 보존의 힘

◆

서양 도서관의 역사를 살펴보면
과거에는 기록과 보존의 의미가 지금보다 더욱 강조되었다.
현재의 일반적인 공공도서관과는 다소 다른 모습이지만
기록과 보존 작업은 지금의 여러 도서관에서도 계속되고 있다.
또한 특수 도서관의 형태로 특화되어
이러한 전통이 이어져 내려오고 있기도 하다.
이처럼 기록과 보존의 역사가 살아 숨 쉬는 도서관들을 한번 살펴보자.

10

세상에서
가장 작은 나라에 있는
교황의 도서관

◆ 바티칸 도서관 Bibliotheca Apostolica Vaticana (바티칸시국)

◆

가톨릭의 성지라 할 수 있는 바티칸시국,

유구한 역사를 자랑하며 이곳에 자리하고 있는 교황의 도서관은

과연 어떤 모습일까. ⓒ 2017 Vatican Library

바티칸시국은 세계에서 가장 작은 나라다. 가톨릭 수장인 교황이 국가원수고, 교황이 임명한 추기경과 주교들이 행정을 담당한다. 군대와 경찰 역할을 하는 110여 명의 근위대가 있고, 라틴어를 공용어로 사용한다. 면적 0.44제곱킬로미터에 총인구는 1000여 명에 불과한 나라지만, 국가의 기본 요건을 모두 갖춘 엄연한 독립국이다. 게다가 가톨릭의 위상을 고려한다면, 바티칸시국이 전 세계에 미치는 영향은 실로 막대하다. 이곳에 자리한 바티칸 도서관 Bibliotheca Apostolica Vaticana은 역사적으로 오래되고 귀중한 서적과 가치 있는 문서 등을 많이 소장하고 있어 세계 최고의 도서관으로 손꼽힌다.

오늘날 바티칸 도서관은 희귀 문서를 포함해 7만 5000여 건의 문서, 8500여 권에 달하는 인큐내뷸러incunabula(구텐베르크의 인쇄술이 시작된 15세기 후반에 간행된 인쇄본), 150만여 권의 서적, 15만여 권의 필사본을 비롯해 30만여 개의 주화와 금속, 10만여 개의 카드와 판화 등을 소장하고 있다. 예를 들면, 고대 이집트에서 제작된 파피루스 중 하나인 일명 '보드머 파피루스Bodmer Papyri'도 바티칸

바티칸 도서관에 소장되어 있는 보드머 파피루스. 고문서 수집가 마르틴 보드
머가 이집트에서 구입한 것을 인수했으며 많은 학자들의 관심을 끄는 자료다.

도서관의 소장품이다. 1952년 이집트에서 발견된 뒤 스위스의 고
문서 수집가 마르틴 보드머Martin Bodmer가 사들였다가 2007년 바티
칸시국이 인수한 이 문서는 전 세계 고문서 학자들의 관심을 한몸
에 받는 자료다. 보드머 파피루스는 3~4세기에 제작되었으며, 누
가복음과 요한복음 일부가 필사되어 있다.

바티칸 도서관의 시작은 종교 서적을 수집하는 곳이었지만, 지
금은 단순한 종교 도서관이나 공공기관을 넘어섰다. 이곳은 신학
과 철학, 역사 분야의 문서들을 다수 소장하고 있으며, 이를 주제로
하는 전문 도서관이다. 또한 인류의 신성한 지식을 보관·수장하는
지식 저장소이자 필사본, 인쇄본, 주화와 메달, 그림, 지도 제작 등
을 조사하는 연구 도서관이다. 물론 이 도서관의 특성상 가장 주된
업무는 소장하고 있는 문화유산을 최대한 원형 그대로 관리·보존
하는 것이다.

바티칸 도서관이 건립되기 전, 교황청 장서들은 대부분 흩어져 있어 제대로 보존되지 못했다. 1447년 니콜라스 5세가 교황이 되면서 전임 교황들로부터 물려받은 장서는 350점에 불과했다. 그런데 이 교황은 책을 무척 좋아하는 인문학자였다. 그는 유럽 전 지역에 대리인을 보내 필사본을 복사하거나 기증받고, 이탈리아 학자와 추방된 비잔틴 학자 등을 로마로 초청해 그리스 고전을 라틴어로 번역하는 작업을 했다. 그리고 교황이 된 다음 해에는 교황청 장서들을 모아 바티칸 도서관을 건립했다.

니콜라스 5세의 또다른 업적은, 소수의 학자들에게 바티칸 도서관을 개방한 것이다. 이는 학자들의 연구를 위해서라기보다는 애써 모은 장서를 조사하기 위해서였지만, 종교의 테두리를 넘어서 도서관 이용의 폭을 넓히는 결정이었다. 1760년까지는 장서를 대출할 수도 있었다. 반납을 연체하면 교황으로부터 직접 독촉장을 받기도 했고, 규칙을 어기면 대출 권한을 잃게 되었지만 말이다.

바티칸 도서관의 초대 도서관장이었던 바르톨로메오 플라티나 Bartolomeo Platina(1421~1481)가 도서 목록을 작성했을 당시에 도서관 장서 수는 3500점에 달했다. 이로써 이 도서관은 서양에서 가장 큰 규모의 도서관으로 입지를 구축하게 된다. 1587년경 교황 식스토 5세는 이탈리아의 건축가 도메니코 폰타나 Domenico Fontana에게 도서관 신축을 의뢰했고, 이때 세워진 건물이 오늘날까지 사용되

이탈리아 출신의 교황 니콜라스 5세는 피렌체의 예술과 인문주의의 영향을 많이 받으며 성장했다. 교황으로 선출되고 나서는 평화 정책을 펼치고 문예부흥 운동에 박차를 가했으며 바티칸 도서관을 건립하기도 했다.

고 있다.

　바티칸 도서관에는 관장인 추기경 사서cardinal librarian를 비롯해 장서를 관리하는 사서custodian, 장서 목록을 연구하는 학자scriptore와 조수attendant 등이 근무하고 있다. 장서 목록을 연구하는 학자들은 출판물의 감독을 비롯해 매뉴스크립트manuscripts(손으로 쓴, 역사적·문학적 가치를 지닌 기록 정보)의 조사와 정리 작업을 담당한다. 업무가 세분화되어서 매뉴스크립트만, 혹은 인쇄된 장서만을 다루는 직원이 있다. 또한 오래되고 낡은 장서의 제본을 교체하거나 흩어진 자료들을 새로 묶어내는 제본업자도 있다. 새로 제본된 매뉴스크립트에는 교황의 문장이 새겨진다.

　프란츠 에를레Franz Ehrle (1845~1934)는 바티칸 도서관의 역사를 살펴볼 때 빠질 수 없는 인물이다. 그는 1890년 첫 저서로『로마 교황의 도서관 역사*Historia Bibliothecae Romanorum Pontificum*』를 출판했으며, 1895년부터 1914년까지 바티칸 도서관의 관장을 역임했다. 이때 그는 열람실을 리모델링하고 도서관을 현대화하는 작업에 착수했다. 의욕적으로 새로운 장서들을 구입했고, 미국 의회도서관 시스템에 따라 서적들을 재분류했다. 열람실 근처에 원목으로 만든 카드 목록함을 설치해서 자료를 찾기 쉽게 만들었다.

프란츠 에를레의 가장 큰 업적은 중요한 장서들의 이미지 재생 프로그램을 시작하고, 훼손된 매뉴스크립트의 복원과 보존에 힘쓴 일이다. 또한 그는 화재에 대비해 매뉴스크립트들을 내부 구역으로 옮기고 보수와 보존 작업을 강화했다. 이러한 장서 관리가 알려지면서 유럽의 다른 도서관들이 안전한 보수와 보존을 위해 소장 장서들을 바티칸 도서관으로 옮겨왔다. 그러다가 훼손된 매뉴스크립트를 수선하고 복원하는 일이 점차 바티칸 도서관의 주요 업무로 자리 잡게 되었다. 유럽 최초로 도서관 내에 보존 부서가 설치된 곳도 바로 이곳이다.

이때부터 바티칸 도서관에서 장서를 유출하는 것은 가톨릭 교단에서 파문을 당할 정도의 중죄로 간주되었다. 하지만 유일하게 한 사람, 도서관의 주인인 교황만은 책을 바깥에 가지고 나갈 수 있다. 바티칸 도서관은 제1·2차 세계대전 때도 문을 닫지 않은 것으로 유명하다. 제2차 세계대전 때는 각국의 도서관에 소장된 중요한 자료들을 임시 보관해줌으로써 막대한 자료 손실을 막기도 했다.

바티칸 미술관의 시스티나 홀. 원래는 바티칸 도서관의 일부였으나, 현재는 미술관으로 사용되고 있다. 이탈리아의 건축가 도메니코 폰타나가 도서관을 지은 16세기 후반의 모습을 잘 간직하고 있는 곳으로, 천장과 벽이 화려한 프레스코화와 조각들로 장식되어 있다. ⓒ 2017 Vatican Library

바티칸 비밀 문서고 Archivum Secretum Vaticanum는 그 이름만으로도 사람들의 호기심을 자극할 만한 곳이다. 스코틀랜드의 메리 여왕이 손수 쓴 편지를 비롯해 마르틴 루터를 파문하는 교황의 칙서에 이르기까지 문서고에 있는 자료들은 학자는 물론 일반인의 시선을 사로잡는다.

그런데 이 흥미로운 자료들은 철저히 비밀에 붙여지고 감춰져왔다. 사람들은 굳게 닫힌 문 뒤에서 바티칸시국이 거대한 음모를 꾸미는 건 아닌지, 비밀 문서고의 금고 안에 엄청난 보물이 숨겨져 있는 건 아닌지 궁금해했다. 교황이 외계 생명체의 증거를 가지고 있다는 식의 루머도 떠돌았다.

사실 비밀 문서고에 얽힌 오해는 라틴어 오역에서부터 비롯된다. 바티칸 비밀 문서고의 라틴어 이름에서 'secretum'이라는 단어는 '비밀'이나 '기밀'로 번역되지만, 좀더 정확한 뜻은 '개인적인 personal'이나 '사적인 private'에 가깝다. 그러니까 바티칸 비밀 문서고는 지난 4세기에 걸쳐 교황의 사적인 편지나 역사적인 문서들이 보관되어온 곳이다.

이 문서고는 1612년 교황 바오로 5세에 의해 설립되었다. 기본적으로 이곳에는 교황청이 공포한 법령을 모은 중앙 기록, 교황의 회계 장부, 서신, 국가 문서 등이 보관된다. 문서고가 건립되기 전에는 도서관에서 문서고의 업무까지 담당하며 자료들을 보관했는데, 자료 목록도 없었고 분류도 제대로 되어 있지 않았다. 이마저도 시대와 담당자에 따라 제각각이었다.

결국 문서고를 건립한 것은 바티칸 행정 당국이 문서를 좀더 효율적으로 운용하기 위해서였다. 바오로 5세는 왕들과 주고받은 서신의 중요성을 명확히 인지하고 있었고, 이 문서들을 보존해야 한다고 생각했다. 하지만 이 서신들이 일반인에게 알려져선 안 된다는 것이 교황의 확고한 신념이었다. 따라서 단단한 자물쇠를 걸어 문서고를 봉쇄하고 일반인의 접근을 금지했다.

한편 프랑스의 나폴레옹 황제가 유럽의 여러 나라들을 침략했을 때, 바티칸까지 쳐들어간 그는 1809년 교황 비오 7세를 체포해 감금하고서 바티칸 비밀 문서고의 모든 문서를 파리로 옮기도록 명했다. 상당량의 자료가 3000개의 서랍장에 담겨 배에 실려 나갔는데, 1814년 나폴레옹이 퇴각하고서도 바티칸 도서관이 이 자료를 되찾아오기까지는 3년이라는 시간이 걸렸다.

바티칸 비밀 문서고의 자료들은 외부에 공개되지 않다가 교황 레오 13세에 이르러서야 일부가 개방되었다. 다만 아카이브 연구에 적절한 지식을 갖춘 학자에 한해서만 입회 카드를 발급해주었다. 열람 절차도 복잡했다. 관련 분야의 권위자나 공인된 연구 기관이 발급한 추천서를 제출해야만 했다. 기자, 학생, 아마추어 역사가 등은 이들 자료의 근처에도 가볼 수 없었다. 교황청은 여전히 자신의 문서를 외부인이 뒤적거리는 것을 못마땅해한다.

현재의 바티칸 비밀 문서고는 교황 요한 바오로 2세가 재위했던

1980년 10월 바티칸 미술관 지하에 새로이 만든 것이다. 소장된 문헌을 한 줄로 세우면 85킬로미터에 달할 정도로 많은 문서들이 이곳에 소장되어 있다. 2005년 교황 베네딕토 16세는 "바티칸은 비밀리에 문서 보관소를 운영하지 않는다"고 선언했고, 그 후로 수년마다 보관 문서를 공개한다. 하지만 여전히 자료 열람의 문턱이 남아 있다. 공개하기에 민감한 내용이 담긴 문서는 작성일로부터 75년이 흐르고 나서 열람이 가능하도록 제한을 두었다. 완벽한 기밀을 요하는 문서들은 영구적으로 열람을 제한하거나 도서관 밖의 모처에 별도로 보관한다. 색인 자료 발행이나 소장 자료 발표는 여전히 부분적으로 공개가 금지되어 있다.

이 닫힌 문 사이를 비집고 나온 비밀 문서고의 자료들은 세상에 화제를 불러일으켰다. 미켈란젤로가 바티칸 시스티나 성당 제단에 〈최후의 심판〉을 그린 후 대가를 받지 못해 교황에게 보낸 지불 독촉장은 많은 이들의 관심을 끌었다. 이외에 11세기에 교황의 영적 권리와 세속적 권한을 인정한 교황 그레고리우스 7세의 칙령, 지동설을 주장하다가 로마 종교재판소에 서게 된 갈릴레오 갈릴레이의 1633년 재판 기록, 독일의 종교개혁가 마르틴 루터를 파문한 교황의 조서, 1654년 스웨덴 크리스티나 여왕의 퇴위 문서, 명나라가 멸망한 뒤 왕실 일족이 세운 남명南明의 마지막 황제 소종昭宗의 모후가 1650년 바티칸에 구원을 요청한 편지, 영국 왕 헨리 8세와 첫 부인 캐서린 왕비의 이혼 문서, 사촌인 영국 여왕 엘리자베스 1세에게 맞섰다가 참수형을 당한 비운의 스코틀랜드 여왕 메리가 교

바티칸시국의 시스티나 성당에 있는 미켈란젤로의 프레스코화 〈최후의 심판〉 중 일부. 비밀 문서고에는 이 그림에 대한 대가 지불 독촉장이 보관되어 있다.

황에게 보낸 편지, 마리 앙투아네트가 처형되기 전에 쓴 편지, 네스토리우스교를 믿었던 몽골의 군주들이 교황에게 보낸 편지 등 흥미진진하고 보물 같은 기록들이 포함되어 있다.

복잡한 입관 절차와 까다로운 규정으로 가득한 도서관

바티칸 도서관에 들어가기 위해서는 복잡한 입관 절차를 거쳐야 한다. 우선 세 명의 스위스 근위병이 지키고 있는 바티칸시국의 특별 게이트인 '포르타 산탄나Porta Sant'Anna'를 통과해야 한다. 일반 여행객은 들어갈 수 없다. 도서관 측에서는 인종, 종교, 성별, 문화의 차별 없이 누구든 입장이 가능하다고 말한다. 다만 학술서 출간과 연구를 목적으로 하는 대학이나 그 이상의 고등 연구기관 교수나 연구자에 한해서다. 포르타 산탄나를 통과하려면 이용자는 자신의 연구 자격과 방문 목적을 밝혀야 한다. 이를 위해 자신을 소개하는 편지 혹은 신청자의 연구 자격을 증명하는 문서, 주소가 적힌 신분증 사본, 추천서와 함께 자신이 어떤 연구를 하는지 명확히 밝혀야 한다.

포르타 산탄나는 1차 관문에 불과하다. 이를 통과하면 방문자는 경찰서로 인도되고, 신분증을 제시한 뒤 방문자 패스를 받는다. 팔각 정원이라고도 불리는 벨베데레 정원Cortile del Belvedere을 지나 도서관에 들어서면 다시 신분증을 제시해야 한다. 그리고 도서관에 입장했다고 해서 열람실에 있는 보물급 자료에 접근한 것은 아니다. 도서관 검색 시스템에 접속한 뒤 이탈리아어나 라틴어로 된 목록에서 원하는 자료를 확인하고서 열람 신청을 해야 한다. 인쇄 자료는 하루에 3건, 매뉴스크립트는 하루에 5건을 신청할 수 있다. 인쇄 자료는 오전 9시에서 12시까지만 신청 가능하다. 매뉴스크립트는 오전 9시에서 12시 사이에 3건, 점심시간을 제외하고 오후 2시부터 4시 사이에 2건을 신청할 수 있다. 자료는 신청 후 20분 내로 직원이 찾아다 준다.

그런데 이곳의 모든 자료들을 볼 수 있는 건 아니다. 앞서 언급했

듯 민감한 자료들은 작성된 지 75년이 지난 경우에만 공개된다. 예를 들면, 1942년 이래 발행된 문서는 공공 열람이 안 되고, 1922년 이후 추기경들의 사적 문서와 관련한 기록물 섹션에는 아예 접근이 불가하다. 예외적으로 교황 비오 11세의 재임 기간(1922~1939) 동안 독일과 교황청 사이의 외교 관련 문서들이 2002년에 공개됐는데, 이는 세간의 부당하고 경솔한 억측들에 종지부를 찍기 위해서였다. 비오 11세의 사적인 문서들은 2006년에야 공개되었고, 후임 교황인 비오 12세의 기록물이 언제 공개될지는 현직 교황인 프란치스코 교황이 결정한다.

입관에 성공한 연구자들은 다음과 같은 의무 사항을 준수해야 한다. 첫째, 도서관 규칙을 지켜야 한다. 둘째, 도서관에서는 항상 도서관 카드를 휴대해야 한다. 셋째, 자료들, 특히 매뉴스크립트와 오래된 인쇄 자료들은 손상되지 않도록 최대한 조심해서 다뤄야 한다. 넷째, 자료를 이용한 후 그 자료와 관련한 저작물을 만들 경우 복사본을 제출해야 한다.

입관 절차만큼이나 도서관 규칙도 까다롭다. 이용자는 열람실뿐만 아니라 도서관 전 구역에서 조용히 해야 한다. 정원이나 카페를 제외한 곳에서는 큰소리로 말하거나 소음을 유발하는 기기를 사용해선 안 된다. 핸드폰의 전원은 항상 꺼둬야 하며, 어떤 형태의 기기도 사용해선 안 된다. 건물 내에서는 금연이다.

연구자는 자신의 연구에 반드시 필요한 물품만을 열람실에 가져갈 수 있다. 가방, 노트북, 펜, 카메라, 음료 등은 반입되지 않는다.

바티칸 도서관의 열람실들. 귀한 자료를 살펴보기 위해 까다로운 입관 과정을 거쳐 여기까지 들어온 연구자들이 정숙하고 진지하게 자료를 살펴보고 있다. ⓒ 2017 Vatican Library

오직 연필과 종이만 가능하다. 개인 물품은 사물함에 보관하며, 복사 및 복제는 반드시 도서관의 복사 연구소^{Photographic Laboratory}에서 해야 한다. 1601년부터 2006년 사이에 간행된 도서에 한해, 연구 목적의 복사를 할 수 있다. 도서관 자료를 함부로 베껴서도 안 되고, 카메라, 카메라가 장착된 핸드폰, 녹음기, 디지털 스캐너와 같은 개인 장비를 이용해 도서관의 자료나 시설 등을 어떠한 형태로도 복제해선 안 된다.

인쇄 도서실, 매뉴스크립트실, 정기간행물실 등의 열람실에는 모두 CCTV와 추적 장치가 설치되어 있다. 다른 열람실로의 자료 이동은 금지되며, 이런 움직임은 추적 장치를 통해 감지된다. 자료가 훼손될 경우, 이용자는 법적으로 변상의 책임을 져야 한다. 책이나 문서에 표시를 하거나 연필로라도 낙서를 해선 안 된다. 규칙을 준수하지 않은 이용자는 영구적으로 도서관에 출입할 수 없으며, 사법 처리를 위해 당국에 인계되기도 한다.

이용자는 바티칸 궁에 어울리는 예의 바르고 품위 있는 옷차림을 갖춰야 한다. 바티칸 도서관을 이용하면서 교황에 대한 존경과 그곳에 근무하는 사람들에 대한 존중을 표해야 하기 때문이다. 또한 모든 문화와 종교를 존중해야 하고, 타인에 대한 배려가 결여된 행동이나 복장을 삼가야 한다.

꽤나 까다롭고 많은 제한들이 있는 도서관이다. 그러나 이들 자료가 필요한 연구자들로서는 거부할 수 없는 곳임에 분명한, 조금은 특별한 도서관이다.

11

중세의
보물 같은 빛을 품고 있는
수도원 도서관

◆ 말라테스티아나 도서관 Biblioteca Malatestiana (이탈리아)

◆ 안젤리카 도서관 Biblioteca Angelica (이탈리아)

◆

성직자들이 세상으로부터 떨어져 신앙 생활을 하던 중세의 수도원은
이들을 교육하고 자료를 보존하는 역할을 함께 담당하고 있었다.
이러한 수도원에 있던 도서관들은 지금 어떻게 그 명맥을 이어가고 있을까. ⓒ Diego Baglierii

유럽에서는 서로마 제국의 멸망(476)에서부터 동로마 제국의 멸망(1453)에 이르기까지 약 1000년에 이르는 시기를 '중세'라고 부른다. 이 시기에는 기독교가 전 사회를 지배했으며, 수도원이 번성하면서 학문과 지식의 중심지 역할을 했다. 수도원은 신학을 중심으로 당대의 유일한 지식계급이었던 성직자들의 교육을 담당하는 곳이었다. 이를 위해 수도원에서는 기독교 관련 문헌과 그리스·로마 고전 등을 수집했으며, 전례서와 고전 등을 일일이 필사해 사본을 만든 후 수도원의 도서관에 보존했다. 켜켜이 쌓인 노력 덕분에 중세 말에 이르면 주요 수도원과 성당의 장서 수는 수백 권에서 수천 권으로 늘어나게 된다.

중세의 수도원 도서관들은 일반적인 서고의 기능에 사본을 제작하는 사본실scriptorium 기능까지 겸비한 자가 생산형 공간이었다. 또한 교회 도서관이어서 장서가 다서 한정되긴 했지만, 중세 기독교 관련 문헌을 비롯해 고대 귀족 사회의 기록 자료까지 보존하는 곳이었다. 이러한 공간과 활동이 있었기에, 귀한 자료들이 무사히 후세에까지 전수될 수 있었다.

15세기, 이탈리아 북부의 작은 마을 체세나. 이곳 수도원에 있던 성 프란체스코회 수도사들은 조용한 학습 공간이 있었으면 하는 바람을 품고 있었다. 이에 체세나의 성주 말라테스타 노벨로 Malatesta Novello는 이들에게 도서관을 건립해주겠다고 약속한다. 그렇게 만들어진 곳이 바로 세계 최초의 수도원 도서관 말라테스티아나 도서관Biblioteca Malatestiana이다.

도서관의 설계는 성주의 명을 받은 건축가 레온 바티스타 알베르티Leon Battista Alberti가 맡았다. 화려한 고딕 양식의 건물 꼭대기에는 말라테스타 가문을 상징하는 코끼리가 조각되어 있다. 두 개의 열쇠를 꽂아 화려하게 장식된 호두나무 문을 열고 들어가면 아치형 천장이 돋보이는 성당의 축소판 같은 열람실이 펼쳐진다.

정면의 둥근 창문과 양 옆의 베네치아 스타일 창문으로는 햇빛이 쏟아져 들어온다. 중앙의 넓은 복도에는 하얀 기둥이 줄지어 늘어서 있고, 아치 아래에는 금속 버팀대가 높은 천장을 굳건히 지지하고 있다. 이 버팀대는 건축에 참여한 기술자가 생각해낸 아이디어였다. 그 덕분에 이 지역에서 곧잘 지진이 일어났음에도 불구하고 이 건물만은 무사히 살아남았다.

말라테스티아나 도서관은 지진과 같은 자연재해뿐만 아니라 전쟁과 약탈도 비껴갔다. 1447년부터 5년 동안 지어진 이 도서관은 무려 500여 년이 지난 지금까지도 건물뿐만 아니라 가구, 장서까지

◆

❶ 말라테스티아나 도서관의 외관. 이탈리아의 조각가 아고스티노 디두
초가 만든 조각상이 도서관 앞을 지키고 있다.

❷ 도서관 열람실. 아치형 천장 아래에 금속 버팀대가 있고, 그 아래로
장서가 들어 있는 책상이 놓여 있다. 정면과 측면 창문에서는 자연광이
쏟아져 들어온다. ⓒFabrizio Pasi

❸ 현재는 현대적 공공도서관 서비스도 실시하고 있으며, 2002년 확장
공사를 거쳐 별도의 모던한 신축 건물도 갖추었다.

완벽하게 보존되어 있다. 그중에서 도서관이 가장 자랑스럽게 여기는 것은 이곳에 소장된 장서들이다.

도서관이 건립되는 동안 말라테스타 노벨로는 인문주의 도서관으로서의 이상을 실현하기 위해 가치 있는 필사본들을 수집했다. 그의 사서 팀은 유럽의 곳곳을 여행하며 필사할 책들을 찾아 다녔다. 예닐곱 명의 사서가 고딕체나 세미고딕체로 책들을 필사했고, 나머지 사서들은 채색과 제본을 담당했다. 20년에 이르는 노력 끝에 이들은 자기 손으로 제작한 콘텐츠를 들고 체세나로 돌아왔다. 사서 팀이 제작한 총 343점의 매뉴스크립트는 14점의 그리스 문서, 7점의 히브리 문서를 포함해 신학, 철학, 문학, 법학, 과학, 의학에 이르기까지 다양한 주제를 다루고 있다. 이는 일반 대중을 위한 보편적인 장서를 수집하려 했던 설립자의 야망을 잘 보여주는 목록이기도 하다. 여기에다가 말라테스타는 자신의 필사본과 필체 혹은 장식이 유사한 문서, 조반니 디마르코Giovanni di Marco에게 선물받은 문서, 성 프란체스코회 수도원이 소유한 문서 등 126점의 고문서를 장서 목록에 추가했다. 이 고문서들은 현재까지 그대로 보존되어 통일된 제본 형태로 전해지고 있다.

열람실에는 양 끝에 문장이 새겨진 58개의 책상이 있다. 이 각각의 책상 아래에 대형 사전 크기의 가죽 장정 장서들이 놓여 있는데, 장서들은 단단하고 육중한 쇠사슬로 책상에 묶여 있다. 필사본은 주제에 따라 분류되어 있다. 오른쪽 책상에는 종교 문서, 성경의 주석, 신학 작품이, 왼쪽 책상에는 법률 문서, 고전 문서, 역사 문서,

단단한 쇠사슬로 책상에 묶여 있는 책들. 어렵게 모은 자료의 분실을 우려한 조치로. 책들은 오직 열람실 안에서만 볼 수 있다.

히브리 매뉴스크립트가 순서대로 있다.

현재 말라테스티아나 도서관은 1400년대에 제작된 287점의 인큐내뷸러, 1500년대에 제작된 4000여 권의 도서, 16~19세기에 제작된 1753점의 매뉴스크립트를 포함해 약 40만 개의 장서를 소장하고 있다. 이 중 가장 오래된 필사본은 세비야 대주교를 지냈던 이시도르Isidore의 『어원 사전Etymologiae』이며, 갈릴레이가 크리스티나 대공 부인에게 보낸 편지를 1897년 돋보기 없이는 읽을 수 없는 크기(15×9밀리미터)로 출간한 세계에서 가장 작은 책도 소장 목록에 들어 있다.

말라테스티아나 도서관은 수도사를 위한 도서관으로 출발했지만, 말라테스타는 1461년 이 도서관을 지역 공동체에 기부한다. 이로써 도서관 장서들이 말라테스타 가문이나 수도원 사람들뿐만 아니라 지역 사람들에게도 개방된다. 말라테스타는 도서관이 보유한 귀중한 도서들을 잘 관리하기 위해 수도원과 지역 공동체에 공동으로 책임을 맡겼다. 오랜 세월 동안 도서관 문을 열 수 있는 열쇠두 개 중 하나는 수도원이, 나머지 하나는 마을 관리자가 보유하는 체제를 유지해왔다. 그 덕분에 다른 많은 수도원 도서관들의 장서가 후대에 이곳저곳으로 흩어졌던 것과 달리 이 도서관의 장서들은 훼손되지 않고 잘 보존될 수 있었다.

2005년 유네스코는 원형 그대로의 건축 구조와 풍요로운 문화유산을 오롯이 보존하고 있는 이 인문주의 수도원 도서관을 세계기록유산에 등재했다. "유럽에서 인쇄 산업이 등장하기 전인 15세기에 완성된 놀라운 도서관 사례"라는 평가와 함께 말이다.

아르헨티나의 소설가 호르헤 루이스 보르헤스는 어려서부터 할아버지의 도서관에 틀어박혀 지냈고, 거의 평생 동안 도서관 사서로 일하면서 책과 떨어지지 않은 책벌레였다고 한다. 지나치게 책을 읽은 탓에 30대 후반부터 서서히 시력을 잃어갔고 말년에는 아무것도 볼 수 없었다. 그럼에도 그는 55세부터 73세까지 아르헨티나 국립도서관의 관장으로 일했다. 보르헤스는 자신의 단편과 에세이를 모은 작품집 『미로』에서 다음과 같은 의미심장한 예언을남겼다. 말라테스티아나 도서관과 어울릴 법한 말이다.

"나는 독특한 종種인 인류가 곧 멸종될 것이라고 생각한다. 하지만 비밀스럽고 부패하지 않으며 달리 쓸 데도 없지만 귀중한 장서들로 가득한, 환한, 고독한, 무한한, 완벽하게 흔들림 없는 도서관만은 살아남을 것이다."

이탈리아 로마의 산타고스티노 광장은 로마에서 손꼽힐 만큼 아름다운 곳이다. 그리고 이 광장에 있는 산타고스티노 성당의 경내에는 황금빛으로 빛나는 도서관, 안젤리카 도서관Biblioteca Angelica이 있다.

초기 르네상스풍 건물인 산타고스티노 성당은 1420년에 공사를 시작해 1483년에 완공되었다. 정면은 앞서 소개한 말라테스티아나 도서관을 건축한 레온 바티스타 알베르티의 설계를 기반으로 자코모 디피에트라산타Giàcomo di Pietrasanta가 건축했다. 이후 도서관 건물은 수차례의 보수 작업을 거쳤다. 1658년경 이탈리아 바로크 양식의 대표 주자였던 프란체스코 보로미니Francesco Borromini가 시작한 보수 작업은 18세기 중반 카를로 무레나Carlo Murena와 루이지 반비텔리Luigi Vanvitelli에 의해 마무리되었다.

반비텔리는 이탈리아어로 '바소vaso'라고 불리는 커다란 열람실을 디자인했다. 내부의 반원통형 둥근 천장 역시 그의 손길을 거친 것이다. 1765년 완공된 이 열람실은 현대적인 전등과 전기 시설을 제외하고는 당시의 모습을 그대로 간직하고 있다. 열람실 사면을 가득 채운 19미터 높이의 육중한 원목 서가는 니콜라 파졸리Nicola Fagioli의 작품이다. 여기에는 10만여 권의 장서가 크기에 따라 큰 책은 아랫단에, 작은 책은 윗단에 꽂혀 있다.

안젤리카 도서관의 기원을 찾아 거슬러 올라가면 13세기 말 산

191

타고스티노 수도원의 장서에 다다른다. 이 시기의 장서는 수도사들이 훈련과 연구를 위해 직접 필사한 매뉴스크립트들이었고, 이는 종교 의식에 사용되었다. 사망한 수도승들이 소장했던 장서와 개인이 기부한 장서 덕분에 도서관의 유산은 점차 풍부해졌고, 이러한 장서의 보존이 사서의 주요 업무 중 하나가 되었다. 그리고 가톨릭 주교, 로마의 귀족, 인본주의 사상가 등이 이 장서들을 보기 위해 모여들면서 도서관은 고유한 연구 기관으로 자리 잡았다.

본격적인 도서관 설립에 결정적인 역할을 한 것은 성 아우구스티누스회 수도원 소속의 안젤로 로카^{Angelo Rocca}(1546~1620) 주교다. 그는 저명한 인문주의자이자 박식한 작가이며 희귀 장서 수집가이기도 했다. 안젤로 로카 주교는 교황 식스토 5세의 명으로 로마의 바티칸 인쇄소 책임자로 일한 적이 있고, 교황의 야심찬 프로젝트인 바티칸 도서관 건립에 참여한 경험도 있었다.

그는 1604년 자신의 장서 2만여 권을 수도원에 기증하면서 건물을 제공하고 운영 기금을 지원함으로써 도서관 설립의 기초를 마련했다. 반비텔리에게 열람실 보수 작업을 맡긴 것 역시 안젤로 로카였다.

안젤로 로카 이전의 도서관은 수도원의 일부로서 오직 수도사들만이 출입할 수 있었다. 하지만 그는 이 도서관이 "특히 돈이 없거나 책이 없는 로마의 외국인이나 가난한 사람들을 위한 공공도서관"이 되길 바랐다. 그리하여 당시로선 매우 선구적으로 사회적 지위나 수입에 상관없이 모두에게 도서관을 개방한다는 규칙을 제

안젤리카 도서관 현관에는 이 도서관의 초석을 세운 안젤로 로카 주교의 부조
가 있다. 그는 이 도서관을 일반인에게 개방하는 선도적인 결정을 내렸다.

정했다. 도서관의 공식 개관일은 1614년 10월 23일이지만, 이미
1604년부터 도서관은 대중에게 공개되었다.

이런 연유로 이 도서관은 그의 이름을 따서 '안젤리카 도서관'이
되었고, 로마인에게 문화생활의 중심지가 되었다. 하지만 1873년
수도원에 대한 성 아우구스티누스회의 지배가 종식되면서 도서관의
소유권은 국가에게 넘어간다. 안젤리카 도서관은 현재까지도 16세
이상이면 누구든 신분증만 제출하면 입장이 가능한 공공도서관이
다. 안젤로 로카 주교의 바람이 여전히 실현되고 있는 것이다.

❶ '황금빛 도서관'이라는 별명이 붙은 계기가 된 안젤리카 도서관의 열람실. 마치 잘 연출된 조명처럼 창문에서 들어오는 빛이 오랜 세월을 버텨온 장서들을 비추고 있다.

❷ 도서관이 보유하고 있는 장서 중에는 이처럼 인쇄된 종이 위에 일일이 수작업으로 채색을 한 책들이 있다.

❸ 열람실에서 전시되고 있는 금서. 철사와 쇠사슬로 책을 꽁꽁 동여맸다.

안젤리카 도서관의 장서 중 가장 유명한 것은 1465년 이탈리아에서 최초로 출판된, 로마의 문인 키케로의 『변론가론^{De Oratore}』이다. 현재 도서관의 장서는 약 20만 점에 이르는데, 그중 절반이 15~19세기에 출간된 것들로 아우구스투스의 사상과 수도회 활동에 관한 작품이 주를 이룬다. 성서를 비롯해 15~18세기 이탈리아 문학 및 연극에 관한 작품들도 소장하고 있다. 14세기에 필사본으로 만들어진 단테의 『신곡』도 이곳의 유명한 장서 중 하나다.

이외에 제본되지 않은 매뉴스크립트 2만 4000여 점, 그리스 및 동양과 관련한 자료 2700여 점, 제본된 지도책 1만여 점, 제본되지 않은 지도 469점도 있다. 구텐베르크가 인쇄술을 발명한 1450년부터 1500년까지 유럽에서 활자로 인쇄된 인큐내뷸러도 1100여 점 소장하고 있는데, 글자 부분은 대개 인쇄되었지만 글자의 도금과 표제 페이지 채색 등은 여전히 사람 손에 맡겨졌다. 이처럼 다채로운 소장품을 보유한 안젤리카 도서관은 제본 예술품과 이탈리아 문학, 교회사 관련 자료를 전시하는 박물관의 역할도 겸하고 있다.

이 도서관의 첫 번째 카탈로그도 주목해볼 만하다. 도서관의 소장 자료 목록을 사서가 직접 손으로 써서 작성한 기록으로, 목록화 작업은 1748년에 시작되어 1786년에야 완료되었다. 현재는 이 카탈로그에 기록된 자료를 포함해 도서관이 소장하고 있는 모든 자료 목록을 온라인에서 검색할 수 있다.

안젤리카 도서관은 수도원 도서관 시절에 필사와 자료 보존을 담당했던 사서를 매우 중요하게 여겼다. 그리하여 도서관에 그들의 흔적을 남기는 것이 하나의 전통으로 이어졌고, 지금도 도서관 관장을 역임한 수도사들의 초상화가 기념홀 양쪽 벽면에 전시되고 있다.

한편 안젤리카 도서관은 '황금빛 도서관'으로도 유명하다. 열람실 창문을 통해 햇빛이 들어오면 금박의 책 제목들이 반짝거리면서 열람실 전체가 황금빛으로 물들기 때문이다. 과거에는 열람실 바닥의 카펫까지 노란색이어서 그 빛이 한층 더했으나 현재는 붉은색 카펫으로 바뀌었다.

신비로워 보이는 열람실 분위기 덕분에 이곳은 영화 촬영지로도 각광받고 있다. 다리오 아르젠토 감독의 〈인페르노〉(1980)를 비롯해 최신작으로는 댄 브라운의 동명 소설을 영화화한 론 하워드 감독의 〈천사와 악마〉(2009)가 이곳에서 로케이션 촬영을 했다. 〈천사와 악마〉에서 바티칸의 비밀 문서고로 나오는 곳이 실제로는 이 도서관이다.

당연한 말일지 모르겠지만, 이곳은 영화나 사진에서보다 실제로 볼 때 더 감동적이다. 나에게 이 도서관을 안내해준 파올로 피콜리니Paolo Piccolini 부관장은 이렇게 말했다. "안젤리카 도서관에 근무한 지 35년이 넘었지만, 매일 도서관 문을 열고 들어설 때마다 마치 도서관을 처음 보는 것처럼 매번 가슴이 설렙니다." 도서관에 대한 자세한 그의 설명만큼이나 이 애정 어린 말이 기억에 남는다.

12

오늘날까지
이어져 내려오는
왕과 귀족의 도서관

◆ 대영 도서관 British Library 내부에 있는 왕의 도서관 King's Library (영국)

◆ 덴마크 왕립도서관 Det Kongelige Bibliotek (덴마크)

◆ 리카르디아나 도서관 Biblioteca Riccardiana (이탈리아)

◆

유럽의 왕과 귀족들은 당시로선 무척이나 귀했던 장서들을 모아 자신의 서재를 만들었다.
수세기가 흐른 지금, 그곳들은 일반인에게 문호를 개방해 자신의 과거를 드러내 보여준다.
사진은 이탈리아 피렌체의 리카르디아나 도서관 열람실의 모습. ⓒBiblioteca Riccardiana

'라이브러리Library'는 한국어로 '도서관'에 해당하는 영어 단어다. 하지만 이 말은 우리가 통상적으로 알고 있는 의미 외에 다른 뜻으로도 쓰인다. 판매가 아닌 이용을 위해 책을 보관하는 건물을 지칭하기도 하고, 우리말의 '서재'나 '장서'에 해당하는 영어 단어역시 라이브러리다.

그렇다면 왕이나 귀족의 라이브러리는 어떻게 현재까지 이어지고 있을까? 비록 개인이나 가문의 소유였지만, 규모와 구성 그리고 디자인의 측면에서 그것은 지금의 도서관에 버금갈 만한 것이었다. 이들 중 몇몇은 원래의 모습을 유지한 채 인류의 문화유산으로 보존되고 있다. 전문가의 손길을 거치면서 희귀 자료와 공간을 잘 관리해나가고 있는 것이다. 또한 근방에 도서관을 증축하거나 다른 도서관과 병합하는 방식으로 관리 체제를 만든 후 이용자들에게 문호를 여는 게 일반적인 추세다. 즉 과거의 라이브러리가 현재의 도서관 체제로 편입되어 그 유산들이 지금의 이용자들에게 공개되고 있는 것이다. 그렇다면 지금부터는 우아한 매력을 간직한 채 현재까지 이어져온 왕과 귀족의 라이브러리를 살펴보자.

도서관 속의 도서관, 왕의 도서관

영국의 국립도서관인 대영 도서관British Library 내부 중앙에는 6층 짜리 웅장한 유리 타워가 있다. 건물 전체를 수직으로 가로지르면서 방대한 도서가 천장까지 빽빽하게 꽂혀 있는 이 타워의 이름은 '왕의 도서관King's Library'이다.

이 도서관에는 1760년부터 1820년까지 재위한 영국의 왕 조지 3세가 소장했던 장서들이 있다. 그의 아들 조지 4세가 버킹엄 하우스의 부엌을 넓히기 위해 아버지의 서재를 통째로 국가에 기증한 것이다. 이때 조지 4세가 내건 조건은 단 두 가지였다. 아버지의 장서가 모든 이들이 볼 수 있도록 항상 전시되어 있어야 한다는 것, 그리고 학자뿐만 아니라 일반인도 실제로 이용 가능해야 한다는 것.

이러한 요구에 따라 왕의 도서관은 이용자에게 24시간 전시되고 있다. 또한 눈요기를 위한 장식용이 아니라 열람 요청이 들어오면 직원이 직접 서가에 올라가 책을 꺼내서 이용자에게 전달해주는 실제 도서관이다. 인쇄된 희귀 서적과 팸플릿 등 총 8만 5000여 권의 장서가 이곳에 소장되어 있다. 이들 자료는 1454년부터 1820년까지 인쇄된 것으로 대부분 영어와 라틴어로 쓰여 있다. 역대 왕들의 교육을 위한 고전 작품, 정치와 신학 관련 자료, 성서 등이 소장품의 주를 이룬다.

이들 자료가 보관된 유리 타워는 대영 도서관의 설계자인 콜린 세인트 존 윌슨Colin St John Wilson이 디자인했다. 투명한 타워 내부에

◆

❶ 대영 도서관의 한가운데에서 위용을 자랑하고 있는 왕의 도서관. 유리 타워 안에는 조지 3세의 장서들이 보관되어 있다. ©British Library
❷ 왕의 도서관이 소장하고 있는, 세상에서 가장 큰 책으로 알려진 『더클렌케 아틀라스』의 모습. ©British Library

는 계단과 두 대의 엘리베이터가 있다. 흥미로운 것은, 도서를 주제별로 배치하는 일반 도서관과 달리 이 도서관은 도서를 크기에 따라 배열했다는 점이다. 크고 화려하게 제본된 책들을 이용자의 눈에 잘 띄는 곳에 놓아둠으로써 전시 효과를 노린 것이다.

대표적인 소장 장서로는 유네스코 세계기록유산으로 등재된『구텐베르크 성경』(1454~1455), 영국 최초의 인쇄업자인 윌리엄 캑스턴^{William Caxton}이 제작한 제프리 초서의『캔터베리 이야기』(1476~1477) 초판본, 셰익스피어의 첫 희곡집『퍼스트 폴리오^{First Folio}』(1623), 영어로 집필된 초기 과학책 중 하나인 로버트 훅^{Robert Hooke}의『마이크로그래피아^{Micrographia}』(1665) 등이 있다.

한편 왕의 기증 도서 중에는 어마어마한 크기 때문에 유리 타워 서가에 꽂히지 못한 채 단독으로 전시된 책이 한 권 있다. 잉글랜드 왕 찰스 2세의 왕정복고를 축하하기 위해 네덜란드 상인들이 선물한 것으로, 세상에서 가장 큰 지도로 알려져 있다. 가로 1.75미터, 세로 1.4미터의『더 클렌케 아틀라스^{The Klencke Atlas}』는 무게만 해도 152킬로그램이나 나간다. 간혹 열람 신청이 들어오면 장정 세 사람이 동원되어서 이 책을 꺼낸다는데, 그 모습만 해도 상당히 이채로운 광경일 것이다.

고풍스러운 과거와 세련된 현재가 공존하고 있는 덴마크 왕립도서관

덴마크의 수도 코펜하겐에 있는 왕립도서관^{Det Kongelige Bibliotek}은 프레데리크 3세의 개인 도서관으로 시작되었다. 1793년 이 도서관은 공공도서관으로 전환되면서 왕실이 보유하고 있던 방대한 유럽의 작품들을 일반인에게도 선보였다. 1989년에는 코펜하겐 대학도서관Københavns Universitet과 합병되었고, 2006년부터는 덴마크 국립도서관, 왕립도서관, 코펜하겐 대학도서관이 하나의 조직으로 운영되고 있다.

붉은 벽돌로 된 왕립도서관 구관 건물은 1906년 덴마크의 건축가 한스 예르겐 홀름Hans Jørgen Holm이 설계했다. 왕립도서관 정원은 조그마한 연못과 덴마크의 철학자 키르케고르의 동상이 서 있는, 작지만 아름답고 역사도 깊은 곳이다. 덴마크에서 가장 조용하고 평온한 장소로 알려져 있다.

1999년에는 밀레니엄을 맞이하여 600년 전 대서양으로 뻗어가던 항구 자리에 왕립도서관 신관인 일명 '블랙 다이아몬드'를 지었다. 고풍스러움을 자랑하는 구관과는 상반된 현대적 이미지의 건물로, 도서관 건축으로 유명한 슈미트 함메르 라센 아키텍츠가 설계했다. 건물 내부는 바닥부터 8층까지 시원하게 개방된 형태이며, 정면 유리창을 통해서는 운하와 운하 건너편의 붉은 벽돌 구관까지 눈에 들어온다.

신관의 운하 쪽 외벽은 검은 대리석과 유리로 되어 있는데, 견고하면서도 세련된 느낌을 준다. 이 외벽이 17도 기울어져 있어서 바다에서 반사된 빛이 건물 벽에 다시 반사되면 다이아몬드처럼 빛난다고 해서 '블랙 다이아몬드'라는 별명이 붙었다. 구관과 신관 사

◆

❶ 덴마크 왕립도서관 구관. 건물 앞에 있는 우아한 정원은 덴마크에서
가장 조용하고 평온한 장소로 알려져 있다.

❷ 왕립도서관 신관인 블랙 다이아몬드. 바다에 인접한 외벽 유리가 빛
을 내뿜고 있다. ©Karsten Bundgaard

❸ 왕립도서관 구관의 열람실. 왕실의 소중한 장서들이 보관되어 있는 곳
이지만, 누구에게나 열려 있는 공간이다.

이에는 고속도로가 있으며, 두 건물을 잇는 다리가 세 개 놓여 있다. 하나는 보행로고 나머지 둘은 도서와 소장품 이동 통로다. 블랙다이아몬드는 다양한 문화 활동의 공간으로도 활용되면서 구관만큼이나 덴마크 시민들의 사랑을 받고 있다.

도서관 자료실에는 방대한 양의 덴마크 문학과 예술에 대한 기록들이 소장되어 있다. 안데르센의 원고와 서신, 키르케고르의 원고와 개인 기록물, 로버트 달비Robert Dalby가 보유했던 양피지에 쓴 라틴어 복음서, 『잉카 문명 연대기』의 필사본, 덴마크 최초의 국가연대기 중 일부인 앙제Angers 필사본 등이 대표적인 소장품인데, 이들은 모두 1997년 유네스코 세계기록문화유산으로 지정되었다.

이탈리아 명문 귀족가의 사립도서관, 리카르디아나 도서관

이탈리아 피렌체의 중심가에 있는 메디치 리카르디 궁전Palazzo Medici Riccardi은 1444년 메디치가에 고용된 건축가 미켈로초 디바르톨롬메오Michelozzo di Bartolomeo가 설계한 건물이다. 이는 피렌체에 지어진 최초의 르네상스풍 건물로, 당시에 유행했던 도심형 궁전 양식의 표본으로 평가받기도 한다. 정원 또한 고즈넉한 아름다움으로 유명한 곳이다.

메디치가가 배출한 걸출한 인물인 교황 레오 10세와 미켈란젤로는 어릴 적부터 가까운 친구로 둘은 이곳에서 어린 시절을 함께 보냈다. 이외에도 피렌체의 많은 르네상스 예술가들이 이 궁전을 드나들면서 메디치가 사람들과 예술, 정치, 경제 등을 논했다고 한다. 그리고 바로 이 궁전 안에 리카르디아나 도서관Biblioteca Riccardiana이 있다.

그 이름에서 짐작할 수 있듯이, 1659년 리카르디가의 프란체스코 리카르디Francesco Riccardi와 가브리엘로 리카르디Gabriello Riccardi가 메디치가로부터 이 궁전을 사들였다. 피렌체에서 가장 부유한 권력자 집안 중 하나였던 리카르디가는 표면적으로 가문의 유구한 역사를 내세우진 않았지만 지식과 예술 작품을 끈질기게 모아 나갔다. 16세기부터 수집하기 시작한 리카르디가의 많은 장서들은 1670년 이곳으로 옮겨졌다. 이후로도 가문의 엄청난 부와 문화적 관심 덕분에 이곳에는 흥미롭고 가치 있는 소장품들이 계속 쌓여 갔다.

건물을 인수한 프란체스코는 우선 궁전 내부를 바로크 스타일로 개조했는데, 이때 도서관과 갤러리에 있는 아치형 천장에 프레스코화를 그렸다. 이 그림들은 나폴리 출신의 화가 루카 조르다노Luca Giordano의 작품으로, 두 곳의 프레스코화는 예술적 관점에서 하나의 통합된 계획 아래 제작된 것이다. 또한 스투코(치장용 벽토)를 이용해 시와 음악과 예술을 관장하는 뮤즈들과 지혜의 여신 미네르바를 형상화한 부조 작품으로 도서관 열람실을 장식했다.

프란체스코는 이 궁전의 도서관에 지극정성을 다한다. 두 명의 공인工人에게 개조를 의뢰한 뒤 계약서에 직접 서명했고, 열람실 개조에 필요한 목재도 자신이 골랐다. 도서관에서 발간한 「1753년의

리카르디아나 도서관의 우아하고 고전적인 바로크풍 열람실. 루카 조르다노의 프
레스코화가 천장을 징식하고 있으며, 양 옆 책장에는 이탈리아 귀족들이 그러모은
장서들이 빽빽이 꽂혀 있다.

리카르디아 열람실에 있는, 옛 정취가 물씬 풍기는 책장. 정부에서 진행한 복원 작업 덕분에 도금된 책장과 웅장한 장식이 빛을 발하고 있다.

도서관 설립 물품 목록」을 보면, 서가와 난간을 받치는 작은 기둥을 비롯해 문의 장식, 자물쇠와 열쇠에 이르기까지 다양한 물품이 상세히 묘사되어 있다. 이 문서는 물품 목록뿐만 아니라 도서관 설립 규칙들을 명시하고 있다는 점에서도 매우 의미 있는 기록이다. 독서에 적절한 조도, 직원에게 제공해야 할 근무 환경, 절도에 대비해 도서를 안전하게 보호하는 방법 등을 적시하고 있기 때문이다.

한편 프란체스코와 함께 이 궁전을 인수한 가브리엘로는 열정적인 책 애호가로 지속적으로 왕성하게 도서관 장서들을 구매했다. 1794년에 공개된 그의 유서를 보면 그가 도서관에 대해 어떤 가치관과 신념을 가지고 있었는지 알 수 있다. 유서에서 그는 도서관과 박물관은 일반 대중에게 공개되어야 하고, 피렌체 사람들은 자유롭게 이곳을 방문할 수 있어야 하며, 당시로서는 놀랍게도 이용자들이 사서와 보조 사서의 도움을 받을 수 있어야 한다고 명시하고 있다.

리카르디아나 도서관은 구매와 기부를 통해 보유 장서를 늘려나갔다. 당대의 시대적 분위기를 알 수 있는 장서들도 다수 있는데, 라틴어 매뉴스크립트는 물론이고 상당량의 아랍과 동양, 그리스어 매뉴스크립트도 보유하고 있다. 또한 이탈리아의 종교개혁가인 지롤라모 사보나롤라^{Girolamo Savonarola}의 성경 같은 유명한 인큐내뷸러, 피렌체의 외교가이자 정치가였던 니콜로 마키아벨리의 자필 서명 원고도 이 도서관의 주요 소장품이다. 다른 도서관이었다면 이런 값비싼 희귀 장서를 별도로 분류해두었을 텐데, 리카르디아나 도서관은 이들을 기존의 장서와 함께 두고서 지속적으로 다른 귀한 장서들을 추가해갔다. 희귀 장서들을 일종의 촉매제로 활용하면서 전체 장서를 통합시켜나간 것이다.

하지만 화려한 부흥기를 지나 1810년에 이르면, 재정적 어려움에 봉착한 리카르디 가문은 도서관의 장서와 예술품을 포함해 이 궁전을 경매에 내놓는다. 아이러니하게도 그 덕분에 당시에 도서관이 보유하고 있던 장서의 실체를 기록한 「리카르디 도서관의 목록 견적」이 제작, 발간된다.

리카르디가의 귀한 유산이 뿔뿔이 흩어져 팔릴 위기에 처하자 피렌체의 영향력 있는 이들이 관심을 갖기 시작했고, 이 사안은 법적 논쟁으로까지 이어졌다. 결국 정부는 1813년 2월 27일 경매에서 이 궁전을 사들였고, 도서관은 피렌체시 당국에 판매되어 공공도서관으로 전환되었다가 2년 뒤에 다시 국가에 양도되었다. 현재까지 건물과 장서가 훼손되지 않은 채 훌륭히 보존될 수 있었던 것은 도서관의 중요함과 가치를 아는 이들의 관심과 노력 덕택이다. 지금 이곳은 이탈리아 문화유산부에 소속된 아카데미아 델라 크루스카Accademia della Crusca의 공공도서관으로 사용되고 있다.

정부는 이 궁전을 사들인 뒤 섬세한 복원 작업을 진행했다. 그 덕분에 세월의 먼지를 뒤집어쓰고 있던 서재들이 선명한 모습을 드러냈고, 열람실의 도금된 책장과 웅장한 장식이 다시 휘황찬란한 빛을 되찾았다. 1990년에 메디치 리카르디 궁전의 역사를 소개한 구이도 비아지Guido Biagi는 이 궁전의 화려함과 도서관의 위대한 유산이 무시할 수 없는 유대를 맺고 있다면서 이 도서관을 "화려한 궁전 속 기품 있는 도서관의 독특한 사례"라고 평했다. 그의 말처럼 명문 귀족가의 사립도서관이었던 리카르디아 도서관은 오늘도 여전히 기품 있게 빛나고 있다.

13

상류사회의
품격과 기품을 갖춘
회원제 도서관

◆ 보스턴 애서니엄 Boston Athenaeum (미국)

◆

이번에 살펴볼 곳은 18세기 이후 상류사회의 주도로 만들어진 회원제 도서관이다.
당대의 애서가들은 이곳을 자기 서재의 확장된 형태로 여기며 이상적인 꿈의 공간으로 만들려 했다.
사진은 보스턴 애서니엄의 2층 열람실 모습.

18~19세기 영국과 미국에서는 근대 공공도서관의 한 형태로 소수의 회원들이 회비를 각출해서 운영하는 회원제 도서관subscription library이 건립된다.

영국에서는 1653년 체담 도서관Chetham's Library, 1680년 이너페프리 도서관Innerpeffray Library, 1704년 토머스 플룸 도서관Thomas Plume's Library이 회원제 도서관으로 건립된 것으로 알려져 있다. 현존하는 영국의 가장 오래된 회원제 도서관은 1768년에 설립된 리즈 도서관Leeds Library이며, 가장 값비싼 회원제 도서관은 리버풀 애서니엄Liverpool Athenaeum으로 연회비가 795파운드(한화로 약 115만 원)에 달한다.

미국에서는 1731년 벤저민 프랭클린Benjamin Franklin이 중심이 되어 설립한 필라델피아 조합도서관Library Company of Philadelphia이 최초의 회원제 도서관이다. 회원들이 40실링을 각출해 도서관을 설립했고, 매년 10실링씩 회비를 내서 이 돈으로 책을 사들였다. 그 뒤를 이어 1741년에 레드우드 라이브러리 앤드 애서니엄Redwood Library and Athenaeum이, 1748년에 찰스턴 라이브러리 소사이어티

❶ 미국 사우스캐롤라이나주 찰스턴에 있는 회원제 도서관, 찰스턴 라이브러리 소사이어티. 회원들을 위한 클래식 공연이 한창 진행되고 있다.

❷ 뉴욕 상류층을 위한 비밀 도서관, 뉴욕 소사이어티 라이브러리. 지금은 1층 열람실을 일반인에게 개방하고 있으며, 사진은 2층에 있는 회원 전용 열람실이다.

Charleston Library Society가, 1754년에는 뉴욕 소사이어티 라이브러리 New York Society Library가 잇달아 문을 열었다. 이들 중에서 몇몇은 아직까지 회원제 도서관으로 유지되면서 그 명맥을 이어오고 있다.

애서가들의 꿈의 공간, 보스턴 애서니엄

미국의 회원제 도서관 보스턴 애서니엄 Boston Athenaeum은 기품 있는 아름다움을 자랑하는 전통 있는 도서관이다. 이곳은 화려하고 멋진 건물과 고풍스러운 인테리어, 역사적으로 가치를 지닌 자료와 귀중한 보물, 고상하고 품위 있는 이들의 사교 활동 등이 결합된 곳이다.

보스턴 애서니엄은 1807년 미국 보스턴에서 《먼슬리 앤솔러지 앤드 보스턴 리뷰》를 펴내기 위해 결성된 클럽 '앤솔러지 소사이어티'의 주도로 설립되었다. 회원은 랠프 월도 에머슨, 대니얼 웹스터, 헨리 워즈워스 롱펠로, 에이미 로웰, 그리고 올리버 웬들 홈스 등 하버드 대학 졸업생 14명이었다. 그 이름만으로도 짐작할지 모르겠지만, 이들은 미국 사회에서 시인, 정치가, 의학자 등으로 명성을 얻은 사람들이다. 이곳에서는 미국의 제6대 대통령이었던 존 퀸시 애덤스의 조카이자 보스턴 애서니엄의 설립 회원이었던 윌리엄 스미스 쇼 William Smith Shaw가 무급으로나마 첫 사서로 일했다.

보스턴 애서니엄은 설립 초기부터 급속도로 성장해갔다. 클럽 회원들이 꿈꾼 도서관은 세상의 다양한 언어로 집필된 위대한 작품들을 소장하는 장소일 뿐만 아니라 아트 갤러리, 예술가를 위한 스튜디오, 과학자를 위한 실험실, 연구하고 토론하며 문화·예술을 교류하는 공간을 겸하는 곳이었다. 그러했기에 이 도서관은 도서만이 아니라 예술품, 공예품 등을 함께 수집했고, 성장세를 바탕으로 1827년 도서관 내부에 아트 갤러리까지 갖췄다. 미국과 유럽의 작품들을 정기적으로 전시하면서 이곳은 보스턴의 명소이자 지적 생활의 중심지가 되어갔다. 이후 1950년대에 이르면 보스턴 애서니엄은 뉴욕 공공도서관, 의회도서관과 더불어 미국에서 가장 규모가 큰 3대 도서관 중 하나로까지 성장한다.

현재 보스턴 애서니엄이 사용하고 있는 건물은 이 도서관이 다섯 번째로 이사해 1849년에 둥지를 튼 곳이다. 보스턴을 중심으로 활동한 건축가 에드워드 클라크 캐벗Edward Clarke Cabot이 설계했는데, 네오르네상스풍 건물 자체가 예술 작품이라고 할 만하다. 화려하고 높은 천장, 벽마다 걸려 있는 유화 그림, 곳곳에서 멋진 자태를 뽐내는 대리석 조각상, 나선형 계단, 호사스러운 앤티크 가구, 고풍스러운 고서 등은 숨을 멎게 할 만큼 아름답다. 거기에 적막이 감도는 수도원 같은 분위기가 어우러져 이곳은 마치 이 세상에 없는 초월적인 피신처 같은 느낌도 풍긴다.

보스턴 애서니엄은 설립 때부터 지금까지 회원들만을 대상으로 도서와 정보 서비스를 제공하고 있다. 200년이 넘는 세월 동안 소장 장서는 크게 늘어서 대출이 불가능한 희귀 서적 약 12만 권을 포함해 62만여 권의 장서를 보유하고 있다. 이곳 장서들은 보스턴

보스턴 애서니엄의 2층 열람실. 높은 천장에는 샹들리에가 달려 있고, 서가에는 칸칸이 장서가 채워져 있으며, 곳곳에 대리석 조각상이 전시되어 있다. 이 열람실에서는 보스턴 애서니엄이 구독하고 있는 신문, 잡지, 저널 등 500여 종 이상의 정기간행물을 살펴볼 수 있다.

을 중심으로 한 미국 북동부 지역의 역사, 전기, 문학, 미술, 장식예술 분야에서 두각을 나타내는 것들이 다수를 차지하며, 특히 미국 초대 대통령인 조지 워싱턴의 개인 장서 중 3분의 2가 이곳에 소장되어 있다.

보스턴 애서니엄은 10만 점이 넘는 그림, 조각, 사진, 장식예술품, 공예품을 소장한 명망 높은 아트 갤러리이자 아카이브이며 박물관이기도 하다. 이곳에서는 미국 초상화의 아버지라 불리는 길버트 스튜어트 Gilbert Stuart 와 초기 인상주의 화가인 존 싱어 사전트 John Singer Sargent 의 그림을 비롯해 신화풍의 작품을 선보인 프랑스의 조각가 장 앙투안 우동 Jean Antoine Houdon 의 조각도 보유하고 있다. 이러한 토대를 바탕으로 보스턴 애서니엄은 고문서, 그림, 조각, 건축 등을 잘 다루는 경험 많은 사서가 깊이 있는 참고봉사를 제공하는 전문 연구 기관으로도 발돋움했다.

보스턴 애서니엄의 회원들은 이곳을 자신의 확장된 서재로 여긴다. 집에서 키우는 개를 데려오기도 하고, 편안한 소파에 앉아 느긋하게 신문과 정기간행물을 읽기도 한다. 오후 3시부터 1시간 30분가량 열리는 애프터눈 티 시간을 즐기고, 수준 높은 클래식 연주를 라이브로 감상하고, 명사 초청 강연회에서 강연을 듣고, 마티니 한 잔을 마시며 영화를 보고, 굴 시식회나 수제 맥주 시음회 같은 행사에서 담소를 나눈다. 이곳은 수준 높은 강좌, 작가 낭독회, 패널 토론회, 문화 포럼 등 다양한 행사를 벌이며 새로운 문화를 받아들이고 사람들과 교유하는 문화센터의 역할도 수행하고 있다.

고급 서비스를 지향하는 지역 엘리트 문화의 산실

사실 보스턴 애서니엄은 보스턴의 부호와 명문가 출신 150명이 각각 350달러씩 출자해 만든 지역 엘리트들의 사립도서관이다. 이후 이곳 주주들이 매년 자신의 출자금에서 파생된 수익을 보고받고 다음 해 예산을 결의함으로써 도서관이 운영되었다. 의결권을 가진 주주의 수는 1854년경에 1049명으로 확정된 후 이후로도 동수로 남아 있다. 주주가 사망하면 주식이 세습되었고, 드물게는 타인에게 매매되기도 했다. 캐벗가, 애덤스가, 쿨리지가와 같은 미국 명문가 사람들은 수세대에 걸쳐 이 주식을 자손들에게 물려주었다.

이곳의 주주들은 우리에게도 잘 알려진 쟁쟁한 이들이 많다. 보스턴 애서니엄의 창립 멤버들을 비롯해 존 퀸시 애덤스 대통령, 에드워드 케네디 상원의원 같은 정계의 거물, 허먼 멜빌, 헨리 데이비드 소로, 너새니얼 호손 같은 문인 등을 실례로 들 수 있다.

1960년대까지만 해도 보스턴 애서니엄의 주식은 보스턴 증권 거래소에서 거래되었다. 1049명의 주주 중 하나가 되기 위해 이곳의 주식을 사려는 대기자만 해도 200명이 넘었다. 수요는 많았지만, 누구에게나 기회가 주어지는 것은 아니었다. 보스턴 애서니엄의 회원이 된다는 것은 보스턴 최고의 상류사회에 속하거나 최소한 그 사회에 접근할 수 있다는 것을 의미했기 때문에 엄청난 부러움의 대상이었다. 도서관을 설립한 지 20년이 지나고서 보스턴 애서니엄은 주주가 아닌 사람들 중 연간 5달러의 회비를 납부한 이들을 회원으로 받아들였다. 주주가 아닌 일반 회원은 한 번에 3권의 책을 한 달 동안 빌릴 수 있다.

그런데 2000년대 들어서면서 보스턴 애서니엄은 새로운 현실에 직면했다. 경기 불황이 이어지면서 수천 명에 이르던 회원이 줄줄이 빠져나갔고, 2007년 이래로 기부금은 4분의 1 수준으로 곤두박질쳤다. 도서관도 어쩔 수 없이 변화된 현실을 받아들여야만 했다. 높고 두터운 성채의 문을 활짝 열어젖힌 건 아니었다. 하지만 사람들의 접근이 쉽도록 문턱을 낮춰야 했고 외부에서 보기에도 투명한 기관으로 거듭나야 했다.

1049명이라는 도서관 주주의 수는 변함없었지만, 일반 회원의 수를 늘리기 위해 도서관은 다각도의 노력을 기울였다. 도서관 내에서의 결혼식은 여전히 불허되었지만, 기업체 행사에 장소를 대여하기도 했고 장 앙투안 우동이 만든 라파예트 흉상 앞에서 샴페인 잔을 부딪치는 정도는 허용되었다. 이곳에서 개최되는 비회원 대상의 행사는 대부분 유료다. 예약은 필수이며, 참가비는 환불이나 양도가 되지 않는다.

보스턴 애서니엄은 회원들에게 제공하는 서비스의 질에 대한 자부심이 대단하다. 직원들은 도서관을 방문한 회원의 이름을 부르면서 인사하고 그들을 환대한다. 도서관 회원은 16~17세기의 희귀 장서들을 포함해 도서관의 모든 소장 자료들을 서가에서 직접 살펴볼 수 있다. 회원의 절반가량은 보스턴 지역에 거주하지만 나머지는 전 세계에 흩어져 있는데, 보스턴 바깥에 거주하는 회원들은

◆

❶ 보스턴 애서니엄의 정문. 네오르네상스풍의 건물로, 나무 문 안에 빨간색 가죽이 덧씌워진 문이 하나 더 있다. 두 개의 문을 열고 들어가면 애서가들이 만든 꿈의 공간이 펼쳐진다.

❷ 1층 로비. 커다란 창문과 조각상이 중앙에 있으며, 양 옆으로는 서가가 자리하고 있다.

❸ 1915년 새로 증축된 5층 열람실. 잡담이 금지된 정숙한 공간이다.

우편, 전화, 이메일 등을 통해 책을 보내달라고 요청할 수 있다. 이따금 근방에 사는 이들이 전화를 걸어와 책을 요청하기도 한다. 요청받은 자료는 당일에 우편으로 발송된다.

보스턴 애서니엄의 다양한 포럼들은 생생한 아이디어를 교환하는 장으로 명성이 높다. 시, 셰익스피어, 고전, 소설, 미스터리 등을 토론하는 문학 모임을 비롯해 뉴잉글랜드 지역, 미국의 남북전쟁, 제1·2차 세계대전 등 특정 주제를 다루는 모임도 활발하다. 이들 포럼은 참관이 허용되지 않으며 오직 도서관 회원에게만 개방되어 있다. 회원들은 한 달에 한 번 정기 모임을 갖는다.

도서관에 보관된, 한 노상강도의 무시무시한 책

보스턴 애서니엄의 소장고에는 흥미로운 책 한 권이 나무 상자 깊숙이 보관되어 있다. 사포처럼 약간 울퉁불퉁한 질감의 책 표지에는 "Hic Liber Waltonis Cute Compactus Est"라는 라틴어가 새겨져 있다. 책의 원제는 "요나 피어스, 제임스 H. 요크, 벌리 그로브 등의 가명으로 불렸던 노상강도 제임스 앨런이 죽음을 앞두고 매사추세츠주 교도소 소장에게 고백한 서사"이다. 원제가 긴 탓에 도서관 장서 목록에는 짧게 줄여 "제임스 앨런의 인생 이야기"라고 되어 있다. 1837년 보스턴의 해링턴 출판사Harrington and Co.에서 간행한 책이다.

이 책의 작가는 제임스 앨런James Allen(1809~1837)으로, 본명은 조지 월턴George Walton이다. 원제에서 알 수 있듯이 그는 무수한 가명을 쓰면서 절도와 노상강도로 이름을 날렸던 인물이며, 은행 강도로도 악명이 높았다. 이 책은 그의 자서전이자 범죄에 대한 자백으로, 작가가 글을 쓸 줄 몰랐던 탓에 그가 수감되어 있던 교도소장에 의해 기록되었다. 현재까지 인쇄본 수 권이 남아 있는데, 가장 유명한 것이 보스턴 애서니엄의 소장본이다.

그는 한때 스스로가 "자신의 온전한 주인master of his own skin"이라고 공표한 바 있다. 그런데 이 말은 불길한 예언이 되고 말았다. 왜냐하면 보스턴 애서니엄에 보관되어 있는, 자신의 악행을 기록한 회고록을 자신의 피부skin로 장정했기 때문이다. 책 표지에 새겨진 라틴어 문장은 "작가 월턴의 피부로 장정한 책"이라는 뜻이다.

사람의 살가죽으로 책을 제본하는 이 무시무시한 역사는 중세로 거슬러 올라간다. 인피人皮를 이용해 만들었고 지금까지 보존되고 있는 최초의 책은 프랑스혁명 당시에 제정된 프랑스 헌법의 복제본 몇 권이다. 이 책은 새로운 공화국에 반대한 사람들의 피부로 장정했는데, 현재 파리의 카르나발레 박물관에 소장되어 있다. 이외에 미국의 브라운 대학, 하버드 대학, 필라델피아 내과 대학, 클리블랜드 공공도서관에도 인피로 장정한 책을 보관하고 있다. 한국에서도 서울대학교에서 인피 장정으로 추정되는 책을 공개해 화제가 된 바 있다.

그렇다면 제임스 앨런의 이 책은 어째서 그의 살가죽으로 만들게 된 걸까? 앨런 자신이 사형된 후 이 회고록을 자신의 살가죽으로 묶어 존 페노John Fenno에게 기증해달라고 부탁했기 때문이다. 이 두 사람은 생전에 단 한 번 매사추세츠주 도로에서 운명적으로 만난 사이다. 1833년 이곳에서 앨런이 강도질을 했는데, 권총으로 위협했음에도 불구하고 페노는 강렬히 저항했다. 결국 앨런은 그에게 총을 쐈다. 하지만 페노는 멜빵바지의 버클 덕분에 기적적으로 목숨을 건졌다. 그는 총상을 입었음에도 앨런을 잡아 경찰에 넘겼고, 이 사건은 앨런의 마지막 범죄가 되었다. 살인미수 혐의로 사형 집행이 가까워지자 앨런은 자신의 모든 죄를 고백하고 자기 피부로 장정한 회고록을 페노에게 선물로 건네줄 것을 요청했다. 자신에게 과감히 맞서 대항했던 페노에 대한 존경과 함께 자신의 잘못에 대한 사과의 표시였다.

1837년 앨런은 처형되었고, 그의 사체는 매사추세츠 종합병원으로 이송되었다. 그곳에서 책을 덮을 만큼의 피부를 벗겨냈고, 이는 곧 제본업자에게 넘겨졌다. 제본 기술자는 인피를 회색으로 염색하고 도금 과정을 거쳐 책을 장정했다. 이렇게 만든 책은 우편으로 페노에게 보내졌다.

한껏 사연을 품고 있는 이 책은 페노 가족의 서재에서 1905년까지 보관되었다가 후손에 의해 보스턴 애서니엄에 기부되었다. 도서관 측은 책의 상태로 보아 기증되기 전에 이 책이 페노 가문의 버릇없는 어린아이 엉덩이를 찰싹 때리는 데 쓰였음이 분명하다고 밝히고 있다. 이 책 역시 참으로 기구한 운명이었던 셈이다.

14

통치의 역사를
보존하고 공유하는
대통령 도서관

◆ 존 F. 케네디 대통령 도서관 및 박물관 John F. Kennedy Presidential Library and Museum (미국)

◆ 지미 카터 대통령 도서관 및 박물관 Jimmy Carter Presidential Library and Museum (미국)

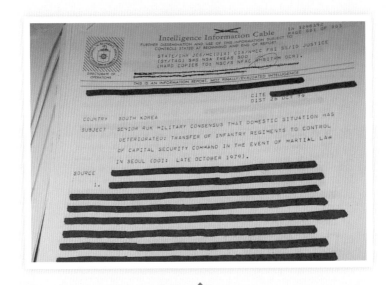

지미 카터 대통령 도서관에서 기밀이 들어 있는 자료를 신청하면
사진과 같이 검은색 잉크로 기밀을 가리고서 이용자에게 자료를 내준다.

©Jimmy Carter Presidential Library and Museum

"북극에서 벌어지는 러시아의 핵실험을 막아주세요. 그들이 산타클로스를 죽일지도 몰라요."

1961년 미국의 미시간주 마린에 살던 여덟 살 소녀 미셸 로천 Michelle Rochon은 당시의 대통령이었던 존 F. 케네디에게 편지를 보내 이렇게 요청했다.

"걱정하지 않아도 된단다. 어제 산타클로스와 통화했는데, 아무런 문제가 없을 거라고 하셨어. 이번 크리스마스에도 산타클로스는 선물을 나눠주러 돌아다니실 거야." 1961년 10월 28일, 대통령의 답변이다.

이 센스 넘치는 케네디 대통령의 성탄절 편지는 2014년 존 F. 케네디 대통령 도서관의 트위터 행사인 '아키비스트에게 물어보세요'에서 공개된 내용이다. 한 이용자가 "케네디 대통령의 편지들 중 가장 감동적인 것은 무엇인가요?"라고 질문했고, 아키비스트인 스테이시 챈들러Stacey Chandler는 곧바로 이 편지를 꼽았다.

여덟 살 소녀는 이제 환갑이 넘은 할머니가 되었다. 이 감동적인 편지의 주인공은 이렇게 말했다. "전 단지 산타클로스가 걱정되었

을 뿐이에요. 그리고 제 편지가 이렇게 사람들을 감동시킬 거라고
는 생각지도 못했어요. 당시에도, 그리고 무려 50여 년이 지난 지금
도 말이에요."

비운의 대통령을 기념하는 존 F. 케네디 대통령 도서관

미국의 대통령 도서관은 일반적인 의미의 도서관이 아니다. 대
통령의 통치 사료를 수집·관리하는 기록관이며, 학자와 전문가 그
리고 관심 있는 사람들에게 기록을 제공하는 연구 센터다. 또한 대
통령의 통치 당시에 제작된 기념물을 비롯해 국내외 귀빈으로부터
받은 선물을 전시하는 박물관의 역할도 겸하는 특수 도서관이다.
2017년 현재 미국의 대통령 도서관은 국립문서기록관리청NARA의
지도·감독하에 총 14개가 운영되고 있다.

이번에 소개할 대통령 도서관의 공식 명칭은 존 F. 케네디 대통령
도서관 및 박물관John F. Kennedy Presidential Library and Museum으로, 미국
의 매사추세츠 대학 보스턴 캠퍼스 근방에 자리하고 있다. 보스턴
항구가 내려다보이는 도서관의 콘크리트 타워는 38미터 높이로,
내부에는 사무실과 각종 보관고가 있다. 이 타워는 두 개의 극장이
있는 원형 건물과 35미터 높이의 잿빛 유리로 된 부속 건물 타워와
연결돼 있다. 도서관 건립 비용은 1979년 당시 총 2080만 달러(한
화로 약 228억 원)가 소요되었고, 무려 3600만여 명이 도서관 건립
을 위한 기부에 동참했다.

1979년 10월 20일에 열린 개관식은 케네디 대통령의 장녀인 캐럴라인 케네디가 동생인 존 F. 케네디 주니어를 소개하면서 시작된다. 아버지와 마찬가지로 젊은 나이에 안타깝게 사망한 케네디 주니어는 살아생전 이 자리에서 "진정으로 위대한 이들을 끊임없이 생각한다"는 스티븐 스펜더Stephen Spender의 시 구절을 낭송했다.

케네디 대통령은 출중한 외모와 수려한 말솜씨, 젊은 패기로 미국인들의 사랑을 받았고, 만 43세에 대통령 자리에 오른 미국 역사상 가장 젊은 대통령이다. 그는 또한『용기 있는 사람들Profiles in Courage』이라는 저서로 퓰리처상을 수상한 작가였고, 평화봉사단을 창설하고 인종과 종교를 초월한 인권법을 통과시켰으며 쿠바의 미사일 위기를 극복한 개혁과 진보의 대통령이었다. 하지만 무엇보다도 1963년 11월 22일 텍사스주 댈러스에서 자동차 행진 중 리하비 오즈월드Lee Harvey Oswald에게 암살당한 비운의 대통령이기도 하다.

혹자는 특별한 업적도 없으면서 사생활이 문란했던 대통령이라고 그를 지탄하기도 한다. 연방준비제도, 연방준비제도이사회, CIA, FBI의 개입설을 비롯해 마피아와 쿠바의 배후설까지 그의 죽음을 둘러싼 각종 음모론이 끊이질 않는다. 지금까지도 의혹은 여전히 풀리지 않는 수수께끼로 남아 있다.

도서관 운영은 기본적으로 연방 정부의 지원으로 이루어진다. 거기에 박물관 입장료, 기념품 판매 수입, 회의 시설 대관료, 수많은 개인과 회사의 기부금이 더해지고, 많은 자원봉사자들의 도움도 받는다. 케네디 대통령의 개인적 인기에 힘입어 매년 기부금 수입과 자원봉사자의 수도 상당하다.

넉넉한 후원 덕분에 도서관에서는 연극과 뮤지컬 공연, 댄스와 악기 강좌, 공예 체험 등의 다양한 문화·예술 프로그램을 제공한다. 일반인에게 개방하는 케네디 도서관 포럼Kennedy Library Forums은 특히 인기가 좋다. 매년 평균 4만 명 이상이 도서관 프로그램에 참여하고 있으며, 2100명 이상의 연구자들이 소장 자료를 보기 위해 도서관에 방문한다.

이곳에 들러볼 기회가 있다면, 극장에서 상영하는 20분짜리 기록영화를 추천한다. 메릴린 먼로와의 관계나 사망 당시의 장면 같은 자극적인 내용은 상당 부분 생략되어 있지만, 젊은 시절 케네디의 모습과 뉴잉글랜드 악센트가 강한 대통령의 목소리를 들을 수 있다는 것만으로도 한 번쯤 볼 만한 가치가 있다.

헤밍웨이의 유품을 비롯해 한국 관련 문서들까지 보유한 도서관

도서관에는 케네디 대통령의 개인 기록, 국회 활동, 대통령 재임 시절의 자료 약 840만 점과 케네디 행정부에서 일했던 여러 인사들의 문서를 소장하고 있다. 케네디 시대를 담은 20만여 장의 사진, 7000여 시간의 오디오 기록, 7만여 권의 인쇄물, 800만 피트에 달하는 필름도 있다.

존 F. 케네디 대통령 도서관은 미국 뉴잉글랜드 지역의 유일한 대

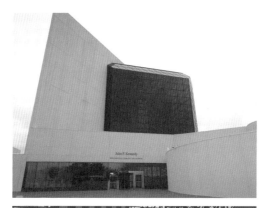

◆

❶ 1979년 10월에 개관한 존 F. 케네디 대통령 도서관의 외관. 콘크리트 타워 앞쪽 원형 건물에는 두 개의 극장이 자리하고 있다.

❷ 도서관 내부의 모습. 유리창 너머로는 보스턴 항구가 내다보인다.

통령 도서관으로, 지역과 관련한 사진, 문서, 필름, 지도 등을 보유하고 있는 지역 기록 보관소^{Regional Archives}이기도 하다. 이 도서관은 미국 대통령 도서관 사상 처음으로 '유산에의 접근^{Access to a Legacy}'이라는 디지털 아카이빙 프로젝트를 시도하여 일반인들이 손쉽게 온라인으로 사료들을 살펴볼 수 있다.

존 F. 케네디 대통령 도서관에는 흥미로운 소장품도 있다. 이 도서관은 케네디 대통령과 아무런 관련이 없어 보이는 작가 어니스트 헤밍웨이의 작품 원본들을 그 어느 기관보다 많이 소장하고 있다. 이들은 생전 한 번도 만난 적이 없다. 하지만 케네디 대통령은 『용기 있는 사람들』로 퓰리처상을 수상하면서 헤밍웨이의 용기에 대한 서술을 언급할 정도로 그의 작품들을 사랑했다. 또한 자신의 대통령 취임식에 이 대작가를 초대하기도 했다. 작가는 지병을 핑계로 참석하지 않았지만 말이다.

1961년 헤밍웨이가 자살했을 때, 상당수의 작품들이 그가 말년에 살았던 쿠바의 집에 남아 있었다. 당시에 미국인들은 공산주의 국가인 쿠바로의 여행이 금지되었는데, 케네디 대통령의 주선으로 헤밍웨이의 아내가 남편의 친필 원고와 그림 등의 유품을 무사히 미국으로 가져올 수 있었다. 이후 헤밍웨이의 원고와 서신, 개인 소장품 등을 그녀가 도서관에 기증하면서 이 자료들은 도서관 보관고에 자리하게 되었다.

헤밍웨이의 첫 소설인 『태양은 다시 떠오른다』를 비롯해 그의 친필 원고 중 90퍼센트가 이 도서관에 있다. 이러한 보유량에 걸맞게 도서관에는 심지어 헤밍웨이의 방까지 있을 정도다. "이 도서관이 모든 면에서 미국 문화 연구의 중심이 되기를 바라는 우리의 희망을 충족시켜줄 만한 자료다." 케네디 대통령의 아내였던 재클린 케네디 오나시스가 헤밍웨이 컬렉션에 대해 한 말이다.

한편 존 F. 케네디 대통령 도서관의 소장고에 있는 한국 관련 문서들도 눈여겨볼 만하다. 이 문서들은 국가 안보 파일National Security Files, 백악관 주제 파일White House Subject Files, 그리고 대통령 집무실 파일President's Office Files에 들어 있으며, 케네디 대통령 취임 첫해인 1961년부터 임기 후반인 1963년까지의 기록이다. 문서의 대부분은 주한 미국 대사관과 국무부의 교신 내용으로, 케네디 정부의 한국에 대한 정책을 파악하는 데 필수적인 자료들이다.

이중에서도 주한 미군 원조사절단 부단장을 역임했던 휴 팔리 Hugh Farley가 작성한 5·16 쿠데타 예측 보고서는 특히 주목해볼 만하다. '1961년 2월, 한국의 상황The Situation in Korea, February 1961'이라는 제목의 이 보고서에서 팔리는 한국 사회가 부정부패로 위기 상황에 처해 있으며 국민들은 강렬하게 변화를 원하지만 과거 이승만 정부처럼 부정부패에 깊이 연루되어 있는 장면 정부는 이러한 위기를 극복할 수 없을 정도로 무기력하다고 진단했다. 이 보고서는 가까운 시일 내에 혁명이 일어날 가능성이 있다는 분석으로 마무리된다.

한국 관련 문서에 수차례 등장하는 박정희 대통령에 대한 보고도 상당히 흥미롭다. 1961년 11월에 작성된 한 문서에서는 박정희

존 F. 케네디 대통령 도서관에 보관되어 있는 박정희 관련 문서. 그의 사상적 배경과 성격에 대해 기술되어 있다.

의 사상적 배경과 성격에 대해 다음과 같이 기술하고 있다.

"박정희는 300여 명의 공산주의자들이 체포되도록 이들의 명단을 넘김으로써 사형 집행을 유예받았다. 이후 정일권과 백선엽의 노력으로 10년형으로 감해졌다. 미군의 1956년 보고서는 박정희를 주도적이고 추진력이 강하며 책임감 있고 지적이며 빠른 판단력의 소유자라고 평가했다. 현 대사관도 박정희가 반대파들을 능숙하게 다루며 대한민국 정부를 실제로 균형 있게 통제할 수 있는 유능하고 뛰어난 지도자라고 판단하고 있다.

박정희는 중앙정보부장인 김종필의 누이와 결혼했다(이는 사실이 아니며, 박정희의 조카가 김종필과 결혼한 것을 잘못 기록한 것으로 보인다). 그들은 아들 하나와 딸 둘, 총 세 자녀를 두었다. 군인 월급으로 생활했기에 매우 가난했다. 초기 보고서에는 박정희가 흡연과 음주를 적절히 즐기는 이라고 기술되어 있는데, 최근 수개월 동안 그의 음주량이 늘어난 것으로 보인다. 박정희는 영어 실력을 쌓기 위해 매일 강습을 받고 있으며, 중국어와 일본어는 유창하다. 그는 1954년 미국 오클라호마주 포트 실의 군사 학교에서 공부한 적이 있다. 근엄하고 내성적인 성격으로, 첫인상은 냉정해 보인다."

1962년 이후의 문서들은 박정희 정권 수립 이후의 군사·경제 원조 정책, 한일 관계 정상화를 위한 미국의 노력 등이 기술되어 있다. 또한 백악관과 국무부, 국방부 등 관련 정책 결정자들의 비망록과 회의록, 국가안전보장회의의 보고서 등 케네디 행정부의 한국 정책 논의 및 형성 과정이 망라되어 있다.

대통령 관련 기록물 원본을 직접 볼 수 있는 지미 카터 대통령 도서관

이번에는 미국 남부의 조지아주 애틀랜타로 가보자. 미국의 제39대 대통령이었던 지미 카터를 기념하는 지미 카터 대통령 도서관 및 박물관Jimmy Carter Presidential Library and Museum은 애틀랜타 중심 가로부터 약 3킬로미터, 애틀랜타 국제공항에서는 약 24킬로미터 떨어진 곳에 있다. 이곳은 전 세계의 후원자로부터 모금된 2600만여 달러의 건축 기금으로 건립되었고 후에 연방 정부에 기증되었다. 박물관은 1986년 10월, 도서관은 1987년 1월에 개관했는데, 일본인 정원사 나카네 긴사쿠中根金作가 디자인한 빼어나게 아름다운 일본식 정원도 상당히 인상적이다.

지미 카터 대통령 도서관에는 그의 백악관 시절 자료, 행정부 관

❶ 미국 조지아주 애틀랜타에 있는 지미 카터 대통령 도서관의 입구. 근 방에는 빼어나게 아름다운 일본식 정원이 있다.

❷ 켜켜이 쌓인 상자 더미에서 자료를 찾고 있는 아키비스트의 모습. 원 본 자료를 모아둔 문서 보관고에는 아키비스트만이 접근할 수 있다.

련 보고서, 메모, 서신, 사진, 필름, 오디오·비디오테이프 등이 소장되어 있다. 또한 지미 카터 대통령 박물관에는 그의 고향인 조지아주 플레인스의 모습, 해군 장교 시절 승선했던 잠수함 모형, 재임 당시의 백악관 집무실 등이 재현되어 있다. 3D 첨단 장치를 이용해 편리하게 전시물을 관람할 수 있으며, 1994년 북한을 방문해 김일성 당시 주석과 만난 사진도 전시되어 있다.

도서관에 들어서면 직원이 방문객을 오른쪽 상담실로 안내한 뒤 방문 목적을 묻는다. 이곳에서 열람자용 신청서를 작성하면 1년간 유효한 도서관 열람 카드를 발급받을 수 있다. 상담실 창가에는 서가 정보, 소장 정보의 위치, 색인, 상자 및 파일 목록 등을 확인할 수 있는 문서 파일이 비치되어 있다. 도서관 이용자는 필기도구와 카메라를 제외한 모든 소지품을 상담실 보관함에 넣어야만 자료 열람이 가능하다. 대통령 관련 기록물을 원본 문서 그대로 제공하는 대신 혹시나 있을지 모를 분실에 대비해 아키비스트의 철저한 감독하에서만 문서를 열람할 수 있으며, 사진 촬영은 가능하다.

국립문서기록관리청이 온라인으로 서비스하는 아카이벌 리서치 카탈로그Archival Research Catalog 시스템을 통해 열람하고 싶은 자료를 미리 검색한 후 이메일이나 전화로 문서를 요청하면 방문했을 때 시간을 절약할 수 있다. 국립문서기록관리청의 온라인 퍼블릭 액세스Online Public Access 시스템을 통해서도 기록물 검색이 가능하다. 온라인 퍼블릭 액세스 시스템은 검색어를 입력하면 데이터 소스, 기술 분류, 연도, 기록물 자료 타입, 파일 포맷, 자료의 위치 등을 알 수 있어 매우 편리하다. 도서관이 소장하고 있는 기록물 목록을 상자나 폴더 단위까지 찾아낸 후 주요 내용물을 확인할 수도 있고, 사진 기록과 문서가 디지털 이미지로도 제공된다.

지미 카터 대통령 도서관에는 대통령의 비밀문서들도 보관되어 있는데, 이들 중 기밀이 해제된 문서는 열람 가능하다. 기밀 해제 문서는 두 가지 방법으로 열람할 수 있는데, 하나는 도서관 문서 열람실에 있는 컴퓨터에서 크레스트CREST라는 대통령 도서관 문서 시스템에 접속하는 것이다. 크레스트 시스템은 CIA가 기밀 해제된 문서들을 업로드해둔 것이다. 또 하나는 연구자가 정부에 비밀문서의 기밀 해제를 요청하는 청원서를 제출했을 경우, 검토를 통해 열람을 허용하는 의무적 기밀 해제 검토Mandatory Declassification Review 프로그램을 이용하는 것이다.

이 도서관은 원본 자료를 직접 볼 수 있는 곳이어서, 아키비스트가 문서 보관고에서 자료를 찾아오고 방문자는 문서 열람실에서 자료를 살펴보도록 되어 있다. 하지만 데이비드 스탠호프David Stanhope 부관장의 배려로 나는 그와 함께 문서 보관고에 내려가 서류들을 직접 찾아볼 기회가 있었다.

모든 보관고는 지진이나 화재, 폭격 등 외부 충격에 견딜 수 있도록 견고하게 시공되었고, 보안을 위한 출입 통제 시스템도 겹겹이 갖추고 있다. 대통령 관련 문서는 그 종류와 성격에 따라 2~4층의 문서 보관고에 보존되어 있다. 2층의 비공개 문서 보관고는 일반인의 출입을 일절 금하며, 문 안쪽에는 두 명의 직원이 입구를 지키고

지미 카터 대통령 도서관의 문서 열람실. 방문자는 필기도구와 카메라를 제외한 모든 소지품을 열람실 밖 보관함에 넣어야 하며, 방문자가 열람 신청을 한 뒤 대기하고 있으면 아키비스트가 문서고에서 신청한 자료를 찾아서 가져다준다.

있다. 원본 컬러 필름을 보관하는 냉동 보관고는 섭씨 0도에 습도 30퍼센트, 비디오테이프와 마그네틱테이프 보관고는 섭씨 10도에 습도 50퍼센트를 유지한다. 또한 선물 보관고에서는 아키비스트가 박물관 전시를 위해 4000여 점에 이르는 선물의 목록화 작업을 하고 있었다.

냉동 보관고와 냉장 보관고, 선물 보관고는 도서관 직원의 동행하에 출입이 가능하지만, 출입자는 문 옆의 일지에 반드시 출·퇴입 시간을 기입해야 한다. 모든 보관고에서는 일체의 사진 촬영이 금지되며, 문서의 보안 및 보존과 관련해서는 국립문서기록관리청의 기록물 관리 기준법(NARA 1571), 소장품의 절도 및 파손 방지법(NARA 1572), 그리고 전시를 위한 보존 보안 운반 기준법(NARA 1573)의 가이드라인을 따르고 있다.

15

인류의 지식과
자료를 관리하는
기록관

◆ 캐나다 도서관 및 기록관 Library and Archives Canada과 보존 센터 Preservation Centre (캐나다)

◆ 벤틀리 역사 도서관 Bentley Historical Library (미국)

◆ 프린스턴 대학 아카이브 Princeton University Archives (미국)

◆

과거를 갈무리하는 일은 미래를 내다보는 사람만이 할 수 있는 작업이다.
이 커다란 저장고 안에는 인간이 만들어온 고갱이들이 살아 숨 쉬고 있다.
사진은 캐나다 도서관 및 박물관 보존 센터의 필름 냉동고.

도서관과 기록관은 인간의 지식과 활동에 대한 자료를 수집·정리해 이용자가 열람할 수 있도록 하고 후세를 위해 이를 보존하는 사회적 역할을 담당하는 기관이다. 하지만 두 기관은 핵심 업무가 다르다. 도서관이 소장 자료를 이용자에게 제공하는 서비스가 핵심 업무라면, 기록관은 현재는 물론이고 후대의 사람들에게 과거와 현재의 기록유산을 전달하기 위해 이를 보존하고 관리하는 것이 핵심 업무다.

기록관은 비교적 최근에 대두된 개념이기에 아직은 일반인들에게 낯설게 느껴질지 모르겠다. 실제로는 많은 도서관들이 기록관의 업무를 겸하고 있지만, 현대에 와서는 기록 업무를 특화시켜 별도의 기록관을 운영하는 경우가 늘어나고 있다.

이번에는 국가에서 운영하는 캐나다의 기록관, 지역을 대표하는 미국 미시간주의 기록관, 그리고 미국 프린스턴 대학 자료들을 관리하는 대학 기록관의 사례를 살펴보면서 기록관의 역할, 자료 보존을 위한 시설과 장비, 기록관의 서비스와 존재 이유 등을 짚어보려고 한다.

캐나다 도서관 및 기록관 Library and Archives Canada은 캐나다의 문서 유산을 수집·보존하고 이를 이용자에게 제공하는 연방 정부 기관이다. 캐나다는 2004년부터 세계 최초로 국립도서관과 국립기록관을 통합해서 운영하고 있다. 이곳은 미술품의 수집·관리 기능까지 일부 맡고 있는지라 도서관library, 기록관archive, 박물관museum의 세 가지 기능을 통합해 수행하는 대표적인 '라키비움larchiveum'으로 손꼽히면서 전 세계의 주목을 받았다.

온타리오주 오타와에 있는 캐나다 도서관 및 기록관은 기본적으로 장서의 보관, 자료의 목록화 작업, 행정 기능을 수행한다. 물론 전문 연구자를 비롯한 모든 이들에게 아카이브 문서와 출판 도서에 대한 참고봉사 서비스를 제공하는 곳이기도 하다. 사실 오타와에 있는 건물만 둘러보면 도서관과 큰 차별점을 찾지 못할지도 모른다. 하지만 오타와 다운타운에서 25킬로미터 떨어진 퀘벡주 게티뉴에 있는 캐나다 도서관 및 기록관의 보존 센터Preservation Centre를 보게 된다면, 분명 생각이 달라질 것이다. 이곳은 라키비움의 개념에 부합하는 기능을 적극 수행하고 있기 때문이다.

보존 센터는 1997년 6월에 개관했으며, 건설에만 총 1억 700만 달러(한화로 약 921억 원)의 비용이 소요되었다. 이곳은 캐나다의 기록유산 보존과 보호를 위한 최첨단 시설과 장비를 갖추고 있다. 하지만 아쉽게도 거대한 위용을 자랑하는 이 건물에는 일반인이

캐나다 도서관 및 기록관 보존 센터의 예술품 저장고. 직원이 소장 그림을 꺼내 보여주고 있다. 도서관, 기록관, 박물관의 영문을 조합한 '라키비움'이라는 개념이 잘 맞아떨어지는 곳이다.

캐나다 도서관 및 기록관 보존 센터의 문서고. 안에 어떤 자료가 들어 있는지 알려주는 라벨이 붙은 상자가 한가득 쌓여 있다.

출입할 수 없다.

보존 센터는 건물 속에 또다른 건물이 있는 형태로 만들어졌는데, 유리와 강철로 만든 외부 표면은 내부 구조물의 완충 역할을 한다. 이곳은 2만 6425제곱미터 크기로, 축구 경기장 두 개를 합쳐놓은 정도의 규모다.

1층부터 3층까지 총 48개의 저장고가 있고, 다양한 아카이브 기록물들이 이곳에 보관되어 있다. 잠재적 위험으로부터 자료를 보호하기 위해 정교한 화재 탐지 및 소화 설비 장치도 가동된다. 보관 기록물은 매체에 따라 각기 다른 온도와 습도로 통제된다. 도서, 문서, 지도, 포스터 서고는 섭씨 19도에 습도 40퍼센트, 컬러 및 흑백 필름을 위한 냉동고는 섭씨 영하 18도에 습도 25퍼센트, 예술품 저장고는 섭씨 18도에 습도 50퍼센트가 유지된다. 모든 자료들은 어떠한 물질에도 오염되지 않도록 세심하게 관리되고 있다.

캐나다 도서관 및 기록관 보존 센터의 보존 연구소. 자료의 복원, 보존, 포맷 전환을 위한 장비들이 가득 놓여 있다.

이들 저장고 중에서 예술품 저장고는 상당히 인상적이었다. 이 곳은 박물관을 방불케 할 만한 곳이었는데, 페인팅, 드로잉, 포스터 등 42만 5000여 점의 미술 작품을 비롯해서 메달, 지구본, 캐리커처 등도 함께 보관되어 있다. 보관 자료의 수에 있어서나 꼼꼼한 보존에 있어서나 감탄이 절로 나오는 곳이었다.

보존 센터의 4층에는 보존 연구소가 있는데, 이곳은 '마을village' 이라는 별칭으로 불리며 그 별칭 같은 환경으로 세팅되어 있다. 이 최첨단 실험실에는 자료의 복원, 보존, 포맷 전환을 위한 장비들이 가득 놓여 있으며, 70여 명의 보존 전문가들이 일하고 있다. 이외에 냉난방, 습도, 통풍 등을 다루는 기계 부서가 따로 독립적으로 운용되고 있다.

그렇다면 보존 센터에 있는 자료들은 어떻게 열람할 수 있을까? 이 자료들은 그저 이 커다란 저장고 안에서만 시간을 보내는 것일까? 전혀 그렇지 않다. 열람 요청이 들어온 자료는 보존 센터에서 오타와 다운타운의 캐나다 도서관 및 기록관으로 이송된다. 자료의 이동은 자동화 추적 시스템에 의해 관리되며, 이 보존 센터에서는 연간 약 10만 개의 보존 상자가 열람을 위해 캐나다 도서관 및 기록관으로 운송된다. 즉 기록물의 보존을 위해 애쓰고 있는 만큼이나 이용을 위한 시스템도 잘 갖추고 있는 것이다.

미국 미시간주 기록물을 보존·관리하는 벤틀리 역사 도서관

벤틀리 역사 도서관Bentley Historical Library은 1935년 미국 미시간주 앤아버에 설립된 공공도서관으로, 현재 이곳은 미시간주의 역사와 사람들의 활동을 기록하면서 미시간 대학의 공식 문서 보관소 역할을 수행하고 있다. 아카이브 사업의 목표는 후대를 위해 미시간주 관련 자료들을 수집·소장하고 사람들이 이 자료를 이용하도록 장려하는 것이다. 이를 위해 미시간주의 역사 기록물 수집, 대학 문서 기록, 디지털 보존, 정보 접근과 참고봉사 서비스의 4개 부서가 도서관에 설치되어 있다.

문서 보관소라는 특성 때문에, 이 도서관 열람실에는 음식이나 음료를 가지고 들어갈 수 없으며 자료 대출도 금지된다. 희귀 문서가 많은 탓에 가방도 가지고 들어갈 수 없다. 개인 소지품은 모두 도서관 입구의 물품 보관소에 맡겨야 하며, 신분증을 제시하고 도서관 등록 카드에 서명을 해야 입장이 가능하다.

◆

❶ 벤틀리 역사 도서관의 자료들이 있는 폐가식 서가. 여기에 쌓여 있는 상자들은 문서 보존을 위해 기록 보관용 중성지로 제작된다.

❷ 보존 연구소의 모습. 자료 복원을 위한 각종 기자재들이 놓여 있다.

❸ 한껏 작업에 몰두해 있는 복원 전문가의 모습. 책상 한쪽에는 자료 복원에 필요한 도구들이 줄지어 놓여 있다. ⓒBentley Historical Library

벤틀리 역사 도서관에는 차곡차곡 쌓았을 때 5만 피트에 달하는 공문서와 매뉴스크립트, 9만여 권의 인쇄물, 150만여 점의 사진 자료, 1만여 장의 지도, 60테라바이트가 넘는 전자 자료 등이 소장되어 있다. 희귀 자료의 보존이 우선시되므로, 서가는 이용자들이 직접 들어가 자료를 찾을 수 없는 폐가식으로 되어 있다. 그 대신 참고봉사 담당 직원이 이용자 한 명당 1시간씩 자료 찾는 것을 도와준다.

자료를 요청하려면 청구번호, 저자명, 소장자 이름, 상자 번호, 상자 제목, 자료 요청자 이름, 요청 날짜 등을 열람 카드에 기입해서 참고봉사 데스크에 제출하면 된다. 아카이브의 자료들은 문서 훼손을 막기 위해 일정 온도와 습도가 유지되는 공간에 보관된다. 자료를 담고 있는 상자와 폴더는 문서의 보존을 위해 기록 보관용 중성지로 제작된다.

벤틀리 역사 도서관 역시 기록 관리 기관답게 자료의 보존을 위한 보존 연구소를 별도로 두고 있다. 이곳에서는 수세기에 걸쳐 내려온 자료들을 최신 기술을 이용해 복원해낸다. 제본된 책을 풀고 접착제를 씻어내고 종이를 반듯하게 펴며 파손된 부분은 비슷한 섬유를 이용해 메운다. 수소이온 농도 테스트와 탈산 작업을 거친 후 다시 책을 제본한다. 가죽 세공을 손보고, 손바느질도 마다하지 않는다. 책 표지를 코팅하고, 장식 테두리를 두르며, 보관 상자도 만든다. 이렇게 전문가의 손길을 거친 자료들은 놀라울 만큼 원본에 가까운 상태로 복원된다.

이번에 살펴볼 프린스턴 대학 아카이브 Princeton University Archives는 1976년에 설립되었으며, 대학도서관이 보유한 희귀 도서와 특별 장서를 관리하는 곳이다. 이 아카이브는 미국 뉴저지주 프린스턴 의 실리 G. 머드 매뉴스크립트 도서관 Seeley G. Mudd Manuscript Library에 있다.

이름은 도서관이지만 기록관으로서의 역할을 하고 있는 실리 G. 머드 매뉴스크립트 도서관의 기록물은 크게 두 부류로 나뉜다. 하 나는 프린스턴 대학 아카이브, 즉 프린스턴 대학과 관련한 자료다. 이는 이 대학의 학생과 교직원들의 기록물로, 대학에서 진행한 사 업 관련 업무 기록, 학생의 생활 관련 기록, 대학 발간물이 주를 이 룬다. 학교 기념품, 이사회 회의록, 총장실 문서, 학교와 관련한 역 사적 사진, 이 대학 졸업생들의 학위 논문도 이곳에 갈무리되어 있 다. 나머지 하나는 20세기 공공 정책의 역사에 관한 자료들로, 외교 정책, 법학, 저널리즘, 공공 정책 형성, 국제 개발이라는 5개 분야로 나누어 정리되어 있다.

실리 G. 머드 매뉴스크립트 도서관은 4층짜리 건물인데, 3개 층 은 이용자가 접근할 수 없으며 방문자는 도서관 열람실에서만 자 료를 살펴볼 수 있다. 다만 프린스턴 대학 학생의 경우, 대학도서관 웹 사이트에 요청하면 온라인으로도 자료 열람이 가능하다.

도서관의 1층 전시실에는 미셸 오바마의 사진이 있는 졸업 앨

프린스턴 대학 아카이브에는 프린스턴 대학에 대한 자료가 갈무리되어 있다. 이 자료들은 실리 G. 머드 매뉴스크립트 도서관 폐가실에 차곡차곡 정리되어 있는데, 상자 하단에 붙은 노란색 라벨은 온라인으로도 볼 수 있는 자료임을 알리는 표시다.

범이 펼쳐져 있다. 결혼 전 이름인 미셸 라본 로빈슨^{Michelle LaVaughn}

Robinson으로 소개되어 있는데, 1964년 1월 17일생으로 1985년에 프린스턴 대학 사회학 학사 과정을 마쳤다. 곱슬머리의 전형적인 흑인 여성으로 꼭 다문 다부진 입매와 정면을 똑바로 응시한 눈매에서 확고한 신념과 단호한 결의를 느낄 수 있다.

이 졸업 앨범 옆에는 미국 대통령사에서 중요하게 거론될 또 한 명의 여성인 힐러리 클린턴의 친필 서명 편지가 전시되어 있다. 그녀가 뉴저지주 상원의원을 지냈고 뉴질랜드 대사를 역임한 앤 마틴델^{Anne Martindell}에게 1992년 6월 22일에 보낸 편지다. 남편의 대통령 선거운동 모금 행사를 위해 프린스턴을 방문했을 때 앤이 보여준 환대에 감사를 표하는 내용이 담겨 있다. 이 대학 졸업생이 아닌 힐러리의 편지가 이곳에 전시된 것은, 앤 마틴델이 개인 문서를 그녀의 사후 모두 프린스턴 대학에 기증했기 때문이다.

이곳에서 많이 열람되는 자료 중 하나는 졸업생들의 학생 기록물이다. 이들 자료는 가족 교육법과 개인정보 보호법에 의해 학생의 졸업 이후 75년 동안은 타인에게 공개가 제한되지만, 그럼에도 불구하고 종종 자료 요청이 들어온다. 연간 2000여 명의 이용자들이 약 3000건의 사진과 자료 복사 요청을 이곳에 하고 있다.

학생들의 졸업 논문 역시 이용자들이 많이 찾는 자료다. 프린스턴 대학은 1925년부터 졸업 논문을 작성할 때 교수가 일대일로 지도하고 있으며, 이렇게 집필된 논문들은 도서관 지하의 문서 저장고에 보관된다. 자신의 논문 작성에 참조하기 위해 다른 졸업 논문

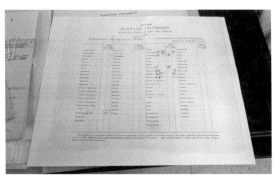

프린스턴 대학 아카이브에 소장되어 있는 이승만의 하버드 대학 석사 과정 시절 성적표. 여러 가지 어려움 탓이었겠지만 성적이 그다지 좋진 않았다.

을 요청하는 경우가 많지만, 유명 학자나 정치인의 논문을 찾는 이들도 꽤 있다.

특수한 경우로, 1987년 이 학교를 졸업한 배우 브룩 실즈의 졸업 논문을 찾는 이들이 많았다고 한다. 그녀는 자신이 출연한 루이 말 감독의 영화 〈프리티 베이비〉와 이 감독의 전작 〈라콤 루시앙〉을 비교하는 논문을 쓴 후 졸업했다. 124쪽 분량의 논문에는 감독과의 인터뷰도 포함되어 있다.

미셸 오바마의 논문도 상당히 흥미롭다. 그녀는 자신의 졸업 논문 「프린스턴 흑인 졸업생과 흑인 커뮤니티 Princeton-Educated Blacks and the Black Community」에서 백인이 주류였던 당시의 대학 캠퍼스에 대해 다음과 같이 묘사하고 있다. "나는 프린스턴 대학에서 많은 백인들과 교류했다. 그런데 그들에게 나는 언제나 맨 처음에는 흑인으로, 그다음에야 비로소 학생으로 여겨졌다."

한편 이곳 아카이브는 프린스턴 대학을 졸업한 한국인으로 가장 유명한 이승만 초대 대통령에 대한 자료도 소장하고 있다. 문서 저장고에는 그의 이름으로 된 서류 파일이 따로 있는데, 여기에는 프린스턴 대학의 철학과 박사 과정 입학을 허가하겠다는 편지, 박사 과정 구술 시험지 등도 보관되어 있다.

이 파일 안에는 이승만의 하버드 대학 석사 과정 때의 성적표 사본도 첨부되어 있다. 이를 살펴보면 B 학점이 주를 이루고 있으며 경제학에서는 D 학점을 받았다. 전반적인 성적이 좋아 보이진 않았다. 하지만 당시에 그는 동료 학생들보다 나이가 많았고, 경제적으로 매우 어려운 상황에서 아르바이트로 학비를 조달해가며 학업을 이어가고 있었다. 각고의 노력 끝에 이승만은 지도 교수의 요청으로 학교에서 장학금을 받았으며, 프린스턴 대학에서 비교적 단기간에 박사 학위를 취득했다. 「미국의 영향을 받은 영세 중립론 *Neutrality is Influenced by the United States*」이라는 그의 졸업 논문은 프린스턴 대학 출판부에서 발간되었다.

프린스턴 대학 아카이브는 온라인으로 논문을 제공하지 않는다. 그 대신 아카이브에 찾아올 수 없는 이들을 위해 비용을 받고 복사본을 우편으로 보내주고 있으며, 대부분의 논문은 아카이브가 있는 도서관 열람실에서 무료로 볼 수 있다.

◆

4장

도서관,
문화와 예술을
온몸으로
품어내다

◆

◆

도서관은 보통 '책'이라는 매체를 중심으로 사고되지만
한편으로는 지역의 문화와 예술을 품는 공간이기도 하다.
그리하여 때로는 지역의 문화 수준을 보여주는 지표가 되기도 한다.
인간이 만들어온 문화를 타인과 나누고 향유하는 곳으로서
도서관은 남녀노소를 막론하고 모든 이들에게 많은 사랑을 받는다.
마지막으로 살펴볼 곳은 바로 이러한 풍취가 느껴지는
세계의 도서관들이다.

16

세계의
소도시에 있는
아름다운 도서관을
찾아서

◆ 예링 도서관 Hjørring Bibliotekerne (덴마크)

◆ 베네슬라 도서관 및 문화센터 Vennesla Bibliotek og Kulturhus (노르웨이)

◆ 가나자와 우미미라이 도서관 金沢海みらい図書館 (일본)

◆ 드부켄베르흐 De Boekenberg (네덜란드)

◆

세계의 소도시에는 대도시에 결코 뒤지지 않는 많은 도서관들이 있다.
작은 도시에 있지만 아름답고 저력 있는 도서관들을 찾아가보았다.
사진은 네덜란드 스페이케니서에 있는 드부켄베르흐의 내부 모습. ©Peter van der Sluijs

언론에서 세계의 아름다운 도서관들을 소개할 때면 뉴욕, 파리, 런던, 밴쿠버 같은 대도시 도서관들이 언급되곤 한다. 인구가 많고 재정적으로 부족함 없는 도시에 있는 도서관인지라 한편으론 부럽지만 어쩐지 거리감이 느껴지기도 한다. 하지만 지구 곳곳에는 우리가 잘 들어보지 못한 인구 10만 이내의 소도시들에도 아름다운 도서관이 여럿 숨어 있다.

이번에 소개할 곳은 작은 도시에 있지만 아름답게 제 빛을 발하고 있는 도서관들이다. 소도시에 있다고 해서 무시하지 말기를. 도시는 작을지라도 이 도서관들은 지역의 랜드마크로서 도시의 중심역할을 하고 있고, 규모도 대도시 도서관 못지않으며, 독특한 디자인을 자랑할 만한 곳이다.

그렇다면 왜 세계의 소도시들은 거주 인구가 적음에도 막대한 예산을 투입해서 그런 도서관을 지은 걸까? 지역사회의 미래가 공공도서관에 달려 있다고 믿고 있고, 도서관이야말로 주민의 복지와 평생교육을 담당하는 기관으로서 누구나 자유롭게 혜택을 누릴 수 있는 공공시설이기 때문 아닐까.

덴마크 북부의 노르윌란주 예링에 있는 쇼핑몰 메트로폴. 이곳 2층에는 예링 도서관Hjørring Bibliotekerne이 있다. 통상적으로 지자체에서 운영하는 공공도서관들은 독립적인 건물을 보유하고 있는데, 예링 자치구는 독특하게도 40개 상점이 입주해 있는 이 쇼핑몰과 30년 장기 임대 계약을 맺고 이곳에 도서관을 만들었다. 우리에게는 다소 낯선 경우다.

새로 도서관을 건립한다면 부지를 매입하고 건물을 신축하는 데 막대한 자금이 필요할 텐데, 장기 임대 방식은 재정 부담을 덜 수 있으니 나쁘지 않아 보였다. 많은 쇼핑몰이 그러하듯, 메트로폴도 도심 한복판에 있으며 유동 인구도 많고 주민들이 많이 찾는 곳이다. 이용자가 도서관에 찾아오기를 기다리지 않고 도서관이 이용자의 일상에 다가가려고 노력하는 것은 꽤나 적극적이고 긍정적인 시도일 것이다.

2016년 통계를 보면, 도서관이 있는 예링 자치구는 6만 5000여 명이 거주하는 소도시다. 예링 도서관은 예링 자치구의 중앙도서관으로, 자치구에는 이외에 4개의 분관 도서관과 이동도서관이 있다. 도서관은 2008년에 개관했으며, 쇼핑몰 내에 있지만 5090제곱미터 규모로 결코 작은 크기는 아니다. 우연인지 모르겠지만, 쇼핑몰 메트로폴은 도서관 건축으로 유명한 슈미트 함메르 라센 아키텍츠에서 디자인했고, 도서관 인테리어는 보스 앤드 피오르Bosch &

덴마크의 예링 도서관 내부 모습. 쇼핑몰 안에 있는 공공도서관으로, 공간의 전체 컬러는 환한 흰색이며 여기에 포인트로 붉은색 띠를 배치해 활기찬 분위기를 연출했다. 인테리어는 보스 앤드 피오르에서 맡았다.

도서관 입구의 바닥에서부터 시작되는 붉은 띠는 진열장이 되기도 하고, 내부 공간을 나누기도 하며, 책상이 되었다가 문이 되기도 한다. 이러한 띠는 도서관 곳곳을 가로지르며 스며 있다.

Fjord에서 맡았다.

공공도서관은 보통 이용자의 연령에 따라 성인실, 청소년실, 어린이실 등으로, 자료의 성격에 따라 일반 자료실, 정기간행물실, 미디어 자료실 등으로 공간을 구획한다. 또한 이용 목적에 따라서는 서고, 열람실, 강의실, 전시실, 개인 학습실, 컴퓨터실 등으로 나누기도 한다. 그런데 예링 도서관은 전체 공간을 분할해서 벽을 두고 방을 만드는 공간 구획을 하지 않은 채 통째가 하나의 커다란 열람실로 이루어져 있다.

소란스럽고 활동적인 어린이, 조용한 학습 공간을 원하는 청소년, 컴퓨터 작업을 원하는 직장인, 다양한 문화 활동을 즐기길 바라는 지역 주민, 명상이 가능할 정도로 정숙한 공간을 원하는 장년 세대……. 이렇게 다양한 연령과 취향의 이용자들을 하나의 열람실 안에서 어떻게 만족시킬 수 있을까? 이용자들의 다양한 요구가 어떻게 한 공간 안에서 조화롭게 구현될 수 있을까? 그런데 이게 진짜 가능하기는 한 걸까?

도저히 불가능할 것만 같은 이 도전은 단순하면서도 혁신적인 디자인 아이디어 덕분에 성공을 거두었다. 보스 앤드 피오르는 도서관의 상징으로 붉은색 띠를 상정한 후 이를 바탕으로 공간을 매끄럽게 중재해갔다. 도서관의 전체 컬러는 환한 흰색, 이는 기본적으로 차분한 분위기를 연출한다. 거기에 붉은 띠가 들어오면서 자칫 무미건조할 수 있는 흰색 공간을 생동감 도는 활기찬 곳으로 만들어낸다. 동물의 촉수 혹은 사람의 정맥처럼 쭉쭉 뻗어 있는 붉은

도서관 내부의 전시 공간. 마치 휴양지에 온 듯한 설정이다. 오른쪽에 서 있는
것은 마네킹이지만, 왼쪽에 앉아 책을 읽는 이는 진짜 사람이다.

띠는 도서관 전체를 휘감아 돌면서 내부 공간의 안내 역할도 담당
한다. 그런가 하면 위아래를 넘나들며 공간을 아울러서 커다란 도
서관에 통일성도 부여한다.

붉은 띠는 도서관 구석구석에 골고루 스며들어 있다. 위로 올라
가고 벽을 통과하고 밑으로 내려오는가 싶더니, 때로는 서가와 책
상, 전시 공간을 뚫고 지나간다. 학습 공간도 스쳐가고, 무대와 놀
이 시설이 있는 활동 공간도 가로지른다. 입구의 바닥에서 시작된
붉은 띠는 책장이나 문으로도 사용되고, 이용자들이 앉아 책을 볼
수 있는 책상으로도 변하며, 각종 물건을 올려놓는 진열장으로도
이용된다. 여기에 더해 일인용부터 그룹용까지 다양하게 구비되어
있는 의자들이 이 공간의 포인트가 되어준다.

도서관에는 이용자의 연령이나 공간의 성격을 구분하는 표지나
구획이 거의 없다. 도서관 자체가 하나의 큰 방이며, 붉은 띠가 각

도서관 내부의 조용한 독서 공간. 편안한 의자 옆에 개별 조명등이 놓여 있고
의자 간의 간격이 넓어서 홀로 책 읽기에 딱 적합한 곳이다.

각의 주제로 표현된 작은 구역들을 가르기도 하고 연결하기도 한
다. 이 안에는 마을 사람들이 만나 차 한잔 마시면서 수다를 떨 수
있는 카페도 있고, 주변 사람들의 방해를 받지 않는 조용한 작업 공
간도 있으며, 사색과 영감의 원천이 될 만한 독서 공간도 있다. 어
린이들이 신나게 놀 수 있는 놀이 공간도 있고, 주제별 전시 공간도
있으며, 다양한 문화 행사가 열리는 무대도 있다.

예링 도서관은 '서점 벽 Bookstore Wall'이라고 불리는 책 전시 서가
도 눈에 띈다. 처음에는 크기가 큰 책들을 전시하다가 나중에는 주
제별 혹은 특징별로 전시를 하게 되었다고 한다. 한번은 각각의 책
표지 색깔을 맞춰서 서가 전체를 빨주노초파남보 무지갯빛으로 만
드는 전시도 했단다. 서점 벽은 서점의 서가처럼 바닥부터 천장까
지 이어지며, 손이 잘 닿지 않는 서가 위쪽 책들을 꺼낼 수 있는 사
다리도 준비되어 있다.

어린이 열람 공간에 있는 다양한 놀이 기구들도 시선을 잡아끈다. 어린이들에게 이 공간은 책 읽는 곳일 뿐만 아니라 몸으로 자신의 생각을 표현하는 놀이와 체험의 장소이기도 하다. 녹색 인조 잔디, 미끄럼틀, 비눗방울 벽, 책 읽는 파이프 같은 창의적인 놀이 기구들은 책에 대한 거부감을 없애주면서 어린이들이 자연스럽게 책에 다가갈 수 있도록 도와준다. 책과 놀이가 함께 있는 공간인 셈이다. 물론 이곳에서는 책을 보다가 친구들과 조금 떠들어도 괜찮고, 놀다가 지치면 잠깐 눈을 붙여도 된다.

예링 도서관의 VIP 코너는 다른 도서관에서는 보기 힘든 공간이다. 여기에서 말하는 VIP는 'very important person'이 아니라 'very important parents'다. 즉 이곳은 도서관의 매우 중요한 이용자인 부모를 위한 독점적 공간이다. 아이와 함께 도서관을 방문한 부모들은 여기에서 커피를 마시며 잡지와 책을 읽는다. 서가에는 아동에 관한 책을 비롯해서 결혼 생활, 정원 손질, 뜨개질 등에 관한 책이 꽂혀 있다. 다른 서가에서 가져온 책을 이 코너에서 읽어도 무방하다.

예링 도서관에서는 어린이와 청소년, 부모가 한곳에서 함께 어울리기도 하고 서로의 구역으로 옮겨 다닐 수도 있다. 아이디어가 돋보이는 디자인으로 많은 찬사를 받았고, 그 덕분에 전 세대를 아우르는 이용자들이 매일 도서관 곳곳을 점령하고 있다. 하루 평균 1000여 명이 이용하는 이곳은 그렇게 예링 시민들에게 즐거움을 주는 공간으로 자리 잡았다.

◆

❶ 바닥부터 천장까지 벽면을 가득 채우고 있는 '서점 벽'의 모습.

❷ 어린이 공간의 책장 사이에 있는 미끄럼틀. 삐죽 튀어나와 있는 모습
이 재미있어 보인다.

❸ VIP 코너. 도서관에 들른 부모들은 이곳에 앉아 차도 한잔 마시면서
관심 있는 책을 들춰본다.

두 번째로 소개할 도서관은 노르웨이의 작은 도시 베네슬라에 있는 베네슬라 도서관 및 문화센터 Vennesla Bibliotek og Kulturhus 다. 노르웨이의 서부 해안가인 스타방에르를 중심으로 활동하는 건축가 그룹 헬렌 앤드 하드 Helen & Hard 가 2008년 디자인 공모에 당선되면서 이곳의 설계를 맡았다. 전체 넓이는 1938제곱미터로 그리 큰 편은 아니다.

이 도서관은 디자인 콘셉트가 상당히 독특하다. 입구에서 열람실로 들어서면 마치 거대한 고래의 흉곽 안으로 들어가는 것 같은 느낌이 든다. 2층 높이의 커다란 홀에 27개의 두툼한 원목 구조물이 갈비뼈처럼 그 모습을 드러내고 있기 때문이다. 도서관 정면의 유리창과 뒤편의 원목 슬레이트 사이로 햇빛이 쏟아져 들어와 실내는 환하면서도 아늑하다.

원목 구조물은 널찍한 베니어판을 접착제로 이어 붙여 만들었는데, 갈비뼈의 형태로 완만하게 구부러지면서 도서관 내부를 감싸고 있다. 이는 건물을 받치는 지지대이자 화재 스프링클러, 실내 전등, 전기 장비를 연결하는 통로가 되어준다.

원목 구조물이 벽에서 내려와 바닥에 닿으면 책을 놓는 선반이나 책꽂이가 되기도 하고, 의자로도 변용된다. 또한 우묵하게 들어간 곳은 상당히 아늑해서 집중적으로 책을 읽을 수 있는 독서 공간이 되어준다. 건물의 지붕과 골격을 이루는 구조물, 안팎의 벽, 엘

270

노르웨이의 베네슬라 도서관 및 문화센터의 내부. 거대한 고래의 흉곽 같은 느낌이 들며, 홀을 둘러싸고 있는 27개의 원목은 마치 갈비뼈처럼 보인다. 원목 사이사이로 들어오는 햇빛은 실내 분위기를 환하면서도 포근하게 만들어준다. ⓒHMI

❖

❶ 베네슬라 도서관 및 문화센터의 외관. 이 건물 앞으로는 마을 광장이 펼쳐지며, 근방에 커뮤니티 센터와 러닝 센터가 있다. ⓒErieta Attali

❷ 도서관 내부에서 정문 쪽을 바라본 모습. 건물 앞면의 유리창 너머로 푸른 하늘과 초록빛 나무들이 보인다.

❸ 노르웨이 원목으로 만든 원목 구조물이 아래로 내려오면 유연하게 구부러지면서 책장과 선반, 의자가 된다.

리베이터 등을 모두 집성 목재로 만드는 등 원목을 최대한 많이 사용했다. 설계를 맡은 헬렌 앤드 하드는 이 사실을 강조하면서 "목재는 하나의 건축 요소로서 인테리어, 가구, 기술적 토대, 구조의 협력까지 끌어낸다"라고 밝힌 바 있다. 다만 이곳의 서가는 보기에 매우 아름답지만, 많은 책을 꽂기 어렵고 자료 찾기도 쉽지 않아 다소 아쉬움이 남았다.

베네슬라 도서관 및 문화센터는 베네슬라의 중심지에 있다. 원래 있던 커뮤니티 센터와 러닝 센터 사이의 비어 있던 곳에 도서관을 지었다. 그래서 새로 건립된 이 건물은 기존에 있던 두 개의 개별 건물과 연결되도록 설계되었고, 두 건물 사이의 빈 공간에 새 건물을 채움으로써 에너지 소비도 줄이고자 했다. 그 덕분에 베네슬라 도서관 및 문화센터는 건축 자재의 선택, 설비, 주변과의 조화 등을 평가 기준으로 삼아 노르웨이 정부가 선정하는 'A급 에너지 절약' 건물로도 선정되었다.

도서관의 정문 앞으로는 마을 광장이 이어진다. 도서관은 도시의 산책로와 시장의 동선을 연결하면서 시민들이 자연스럽게 이곳을 오갈 수 있도록 이끈다. 이러한 입지적 특성과 건물의 역할 때문에 헬렌 앤드 하드는 이 건물을 "도시의 로지아Urban loggia"라고 지칭하기도 했다. 로지아란 이탈리아 건축에서 많이 쓰이는 개념으로 한쪽 벽이 없이 트인 방이나 홀을 뜻하는데, 이러한 개방성 덕분에 도서관은 온 마을과 자연스럽게 연결된다. 마을의 중심에 있으면서 마을의 연결 고리가 되어주는 것이다.

273

일본의 이시카와현 가나자와의 주택가 한가운데에는 스펀지케이크 모양의 건물이 우뚝 서 있다. 콘크리트 표면에 삼각 배열로 구멍이 뚫려 있고, 6000여 개의 원형 유리블록이 표면을 장식하고 있다. 단순하지만 재미있는 외관의 이 건물은 2011년 개관한 가나자와 우미미라이 도서관金沢海みらい図書館이다. 설계는 일본인 건축가 구도 가즈미工藤和美와 호리바 히로시堀場弘가 맡았다.

두 건축가는 이용자에게 쾌적하고 편안한 독서 공간을 제공하는 것이 도서관의 가장 중요한 기능이라고 보았다. 그들은 전자책을 비롯한 디지털 자료들이 제공할 수 없는, 물성을 가진 책의 존재감을 느끼면서 편안하게 책 읽는 즐거움을 경험하는 환경을 이곳에 구현하고자 했다.

도서관 건물은 가로와 세로는 각각 45미터, 높이는 12미터의 단순한 사각 공간인데, 내부는 25개의 기둥으로 지탱되며 구멍 뚫린 벽이 전면을 에워싸고 있다. 외벽의 구멍은 건물 안에서 조그맣고 둥근 투명 창처럼 보이는데, 여기서 쏟아져 들어오는 부드러운 햇살은 따스하고 은은하면서도 차분한 안정감을 준다. 도서관 2층은 전체가 하나의 열람실로, 천장이 높은 데다가 외벽 구멍으로 빛이 들어와서 확 뚫린 개방감을 느낄 수 있다. 이곳에서는 장시간 책을 읽어도 눈이 피곤하지 않다고 한다.

자세히 살펴보면, 이 구멍들은 크기가 다르다. 각기 다른 세 종류

274

◆

❶ 가나자와 우미미라이 도서관의 외관. 반듯한 육면체 건물이지만, 송송 뚫린 구멍 때문에 산뜻한 발랄함도 느껴진다. ⓒ Asturio Cantabrio

❷ 2층 열람실 풍경. 벽면의 둥근 구멍을 통해 빛이 들어와 묘한 신비감을 자아낸다.
ⓒ Asturio Cantabrio

가나자와 우미미라이 도서관 3층에서 2층 열람실을 바라본 풍경. 하얀 스펀지케이크 안의 느낌이 이러할까. 막힘 없이 높은 천장과 흰 벽의 둥근 구멍들 사이로 들어오는 빛 덕분에 확 뚫린 개방감을 느낄 수 있다. ⓒ Asturio Cantabrio

로 되어 있는데, 미묘하게 엇갈려 보이지만 단순하게 규칙적으로 줄지어 배열한 것이다. 이런 창의 경우 보통 유리를 사용하는데, 이 건물에는 폴리카보네이트라는 고성능 플라스틱을 썼다. 조도, 눈부심, 조망, 개인 프라이버시를 고려해 선택한 자재다.

　도서관은 책을 읽는 곳이기도 하지만, 책을 보관하는 저장 공간이자 지역 주민들이 모여 소통하는 곳이기도 하다. 가나자와 우미미라이 도서관은 총 24만여 권의 장서를 소장하고 있으며, 주민들을 위한 다양한 시설도 완비하고 있다. 1층에는 이동 가능한 무대와 200인치 스크린을 갖춘 250석짜리 홀이 있어서 강연회나 발표회 등에 사용된다. 이외에 30석 규모의 작은 회의실과 20석 규모의 그룹 활동실도 마련되어 있다.

　이 건물은 2011년 영국의 BBC에서 선정한 '세계의 슈퍼 도서관 베스트 4', 미국의 문화 정보 사이트인 플레이버와이어닷컴flavorwire. com에서 선정한 '세계의 가장 아름다운 공공도서관 25' 등으로 그 이름을 알렸으며, 이후 일본의 각종 건축상을 수상하면서 지속적인 주목을 받고 있다.

책으로 쌓아올린 지식의 산, 네덜란드의 드부켄베르흐

　네덜란드 로테르담에서 대중교통으로 20분 거리에 있는 스페이케니서. 중세부터 이어져 내려온, 역사가 오래된 도시지만, 거주민은 7만여 명에 불과하고 특별히 눈에 띄는 게 없는 곳이다. 그런데

이 작고 조용한 마을이 도서관 하나로 전 세계에 널리 이름을 알리게 된다.

도서관 이름은 '드부켄베르흐De Boekenberg', 한국말로는 '책 더미'라는 뜻이고 영어로는 '북 마운틴Book Mountain'이라고 불린다. 이름만으로 도서관의 모습이 짐작되는지. 책을 산처럼 쌓아 올린 도서관으로, 2013년 레드 닷 디자인 어워드를 수상하면서 유명세를 타게 되었다.

드부켄베르흐는 로테르담을 기반으로 활동하는 건축가 그룹 MVRDV의 야심찬 설계작이다. 도서관 내부를 보면, 중심에 붉은 벽돌 벽이 있고 그 바깥을 마치 뱀처럼 서가들이 둘러싸고 있다. 책장은 5층 높이이며, 그 책장을 25미터 높이의 피라미드 같은 유리 덮개가 덮고 있고, 덮개 안쪽에 비스듬히 원목 트러스가 자리하고 있다. 거대한 책장의 위풍당당함과 7만 권이 넘는 책들이 품어내는 위용은 압도적인 아름다움을 자아낸다. 건축가의 의도가 분명하게 드러나는, 시각적으로 강력하고 도발적인 건물이다.

도서관을 설계한 MVRDV의 건축가 비니 마스Winy Maas는 지역 주민들이 텔레비전을 끄고 좀더 책을 많이 읽는 데 이 건물이 한몫하길 바랐다. 스페이케니서 주민 중 11퍼센트는 글자를 독해하는 데 문제가 있으며, 이는 네덜란드 평균 문맹률보다 2퍼센트 높은 수치다. 스페이케니서에 왜 도서관이 필요하며 그것이 중요한 의미를 갖는지는 이 사실 하나만으로도 충분하지 않을까? 이 사실은 또한 이 작은 마을에 왜 3000만 유로(한화로 약 389억 원)의 막대한

◆

❶ 네덜란드의 작은 마을 스페이케니서에 있는 드부켄베르흐의 외관. 피라미드형의 대형 유리 덮개가 한눈에 들어온다. ⓒ Peter van der Sluijs

❷ 어둠이 깔리는 저녁이면 가로등 기능을 하는 실내 전등에 불이 들어와 먼 곳에서도 반짝이는 불빛을 볼 수 있다. ⓒ De Boekenberg

예산을 과감히 투자했는지에 대한 이유이기도 하다.

"밤낮으로 독서를 증진하기 위해 세워진, 지식·정보·문화를 위한 거대한 유리 진열장" 드부켄베르흐는 건립 프로젝트가 시작되고서 10년 가까운 진통 끝에 2012년 10월 문을 열었다. 건물은 도시의 중심지인 광장 시장 가운데이자 아주 오래된 교회 맞은편에 있다. 도심을 지나가는 사람들에게는 건물 안의 책이 보이고, 건물 안에 있는 사람들에게는 붐비는 광장 시장과 고풍스러운 교회가 내다보인다. 안과 밖은 이렇게 시선의 힘으로 이어진다.

드부켄베르흐 안에는 에어컨 시설이 없다. 햇볕이 고스란히 유리 덮개로 내리쬐는데, 그래도 괜찮은 걸까? 이곳은 유리 창문을 여닫는 자연 통풍 시스템과 116개의 원목 기둥 그늘을 통해 실내 온도를 조절한다. 겨울에는 바닥 난방과 이중 유리 덮개로 안정적인 내부 환경을 조성한다. 첨단 기술을 활용해 지하에 냉·온기를 저장하며, 실질적인 이산화탄소 배출량이 제로에 가까운 모범적인 에너지 효율, 친환경 건물이다.

그런데 이곳을 둘러보며 의문이 들었다. 책을 산처럼 쌓아두었으니 서가 높은 곳에 있는 책들은 제목도 보이질 않고 손도 닿지 않아서 이용자가 자료를 확인할 방법이 없다. 주위를 둘러봐도 사다리 같은 건 보이지 않았다. 그러니 이용자들이 불편을 느끼진 않을까? 하지만 도서관 측의 해명을 들어보니 수긍이 갔다. 도서관에서는 이용자의 손길이 닿지 않는 곳을 '숨어 있는 장서고'로 쓰고 있었다. 도서관 밖에서 볼 때는 시각적으로 중요한, 천장 꼭대기까

책의 산, 드부켄베르흐의 내부 모습. 5층짜리 서가에 책이 빼곡히 들어 있으며, 그 위를 피라미드 모양의 유리 덮개가 덮고 있다. 거대한 책장의 위풍당당함과 7만 권이 넘는 책들이 품어내는 위용은 압도적인 아름다움을 자아낸다.

◆

❶❷ 책의 산에는 오르막길도 있고, 평지도 있다. 수많은 책들을 둘러보며, 또 때론 유리창 너머의 풍경을 살피며 오르는 산길은 전혀 지루하지 않다.

❸ 도서관의 책 자동 반납기. 이용자가 이곳에 책을 반납하면 반납기 너머에서 책이 자동으로 분류된다.

지 올라가 있는 책들은 여기 놓지 않았더라면 폐가식 창고로 들어갈 수밖에 없는 책들이라고 했다.

또 하나 들었던 의문은, 도서관의 거대한 서가 위에 있는 유리 덮개에 대한 것이었다. 이 덮개를 통과한 강렬한 햇빛이 책을 손상시키리라는 것은 뻔한 일 아닌가. 표지의 색이 바래고 글자가 지워질 수도 있다. 세계의 많은 도서관들이 장서 보관고를 지하 깊숙이 두는 이유이기도 하다. 도서관 측에서는 잦은 대출로 더러워지고 찢어지고 물에 젖거나 망가지는 책이 많다면서 도서관 장서의 평균 수명을 4년으로 잡는다고 했다. 즉 그 기간 동안 태양광이 책에 가하는 손상을 상쇄할 만큼 대출 도서가 손상된다는 것이다. 또한 경사진 유리 지붕 덕분에 따스하고 안락한 독서 환경이 조성되고 있다는 말을 덧붙였다.

사실 도서관 현장에서 일하는 사서로서 소장 도서의 평균 수명이 4년이라는 점은 인정하기 힘들다. 하지만 이곳의 장서가 7만여 권이고 매년 대출되는 장서 수가 35~40만 권 사이라고 하니, 자료의 잦은 이용 때문에 생기는 파손을 고려해야 하고 공공도서관 장서의 목적이 보존만이 아니라 활용이라는 점을 감안할 필요는 있을 것이다. 그렇게 본다면 장서를 그다지 중요한 자산으로 여기지 않는 듯한 도서관의 태도는 수긍할 만한 것일지도 모르겠다.

그런데 일단 산에 왔다면 정상 등반이 목표 아니겠는가. 이제는 이 도서관에서 만들어둔 480미터의 길을 따라 꼭대기로 올라가보자. 책장의 테두리를 따라 걸으면서 독서와 휴식 공간으로 활용되는 통로와 테라스도 둘러보았고, 간혹 흥미를 끄는 책들도 만났으며, 중간중간 놓인 컴퓨터로 책들을 검색해보았고, 서가 곳곳에 전시된 그림과 조각상도 살펴보았다. 또 갑자기 움푹 들어간 틈새 공간에 살짝 고개를 들이밀어서 책을 읽거나 게임을 하는 이들을 힐끔거리기도 하며 나선형 계단을 올라갔다.

어느새 이 책의 산 정상에 도달하니 카페가 있다. 이곳에서는 지역에서 생산된 신선한 야채와 과일로 만든 음료, 로테르담의 유명 카페와 빵집에서 공수해온 커피와 빵이 정상에 오른 사람들을 기다리고 있었다. 정상 등반자들은 친구와 수다를 떨기도 하고, 잡지와 신문을 읽거나 혼자 조용히 카푸치노를 마시기도 했다. 전면 유리창 너머에서는 네덜란드의 전형적인 시골 정경이 파노라마처럼 펼쳐지고 있었다.

퇴계 이황은 「독서는 산을 오르는 것과 같다讀書如游山」라는 흥미로운 시를 남겼다. 그는 아래에서 천천히 위로 올라가야 하고, 자신에게 맞는 속도와 보폭, 높이 등을 체득하게 된다는 점에서 독서가 등산과 유사하다고 말한다. 만약 여러분이 네덜란드에 가게 된다면, 스페이케니서라는 작은 마을에 있는 책으로 된 지식의 산 드부켄베르흐에 반드시 들러주시라. 그리고 한 쪽씩 천천히 책장을 넘기듯, 한 발자국씩 발을 디뎌 산에 올라가듯, 이 지식의 산 구석구석에 자신의 발자국을 남기면서 저 궁극의 경지인 정상에 올라가보시기를. 절정을 찾아갈 여러분의 선전을 기원한다.

16

디자인이 돋보이는
세계의 대학도서관을
찾아서

◆ 무사시노 미술대학 도서관 武蔵野美術大学図書館 (일본)

◆ 로욜라 대학 Loyola University Chicago 의

리처드 J. 클라체크 인포메이션 커먼스 Richard J. Klarchek Information Commons (미국)

아름다운 도서관은 사람들의 눈길을 잡아끈다. 이번에 소개할
두 개의 대학도서관 역시 그러한 곳이다. 물론 아름다움 외의 것도 있으니 기대하시길!
사진은 일본 무사시노 미술대학 도서관의 바닥에 있는, 도서 위치를 안내해주는 표시.

디자인이 독특하거나 아름다운 도서관이 좋은 도서관일까? 아니면 이용에 편리한 도서관이 좋은 도서관일까? 이 질문에 대한 답은 딱히 단정할 수 없다. 하지만 건축가의 철학이 담겨 있거나 기상천외한 아이디어가 돋보이는 도서관들은 건물 자체만으로도 이용자들이 도서관 곳곳을 흥미롭게 들여다보게 만든다. 이번에는 일본과 미국의 대학에 있는, 개성 있는 디자인을 자랑하는 두 개의 도서관을 소개한다.

책과 서가로만 이뤄진, 일본의 무사시노 미술대학 도서관

도서관을 구성하는 궁극적인 요소는 무엇일까? 건축가 후지모토 소우藤本壮介는 이 질문에 "책, 서가, 빛, 그리고 공간"이라고 답했다. 그는 궁극적인 요소들로 이루어진, 세상에서 가장 단순한 도서관을 만들고자 했다. 그리고 여기에 두 가지 조건이 더해졌다. 소우는 도서관이 이용자가 원하는 책을 빠르게 찾을 수 있고, 이용자가 미처 알지 못했지만 필요했던 책을 우연히 발견할 수 있는 곳이 되길

무사시노 미술대학 도서관의 설계 콘셉트 다이어그램. 나선형 서가로만 이루어
진 도서관의 콘셉트가 간명하게 드러나 있다. ⓒ 藤本壯介建築設計事務所

바랐다. 이러한 생각 끝에 그는 단 하나의 나선형 서가로 이루어진,
책들로 둘러싸인 공간을 구상해냈다.

후지모토 소우가 꿈꾸고 설계한 도서관은 2010년 세상에 선보였
다. 일본 도쿄에 있는 무사시노 미술대학 도서관武藏野美術大学 図書館
이 바로 그곳이다. 1967년에 건립된 무사시노 미술대학 미술관 및
도서관은 도서관, 미술관, 박물관이 일체화된 복합 시설이었다. 소
우가 설계한 도서관은 2010년 3월에 다시 건립한 것이고, 미술관
은 연이어 2011년 6월에 재개관했다.

도서관은 마치 거대한 방주와 같다. 원목 선반들을 쌓아 만든 서가들이 연속해서 나선형 소용돌이 모양을 만들어가고, 가운데에는 직사각형 모양으로 9미터 높이의 서가 벽이 뚫려 있다. 서가 바깥을 통유리 외벽으로 덮었기 때문에, 밖에서도 원목 서가가 비쳐 보인다.

무사시노 미술대학 도서관은 28만여 권의 미술, 디자인, 건축 분야 장서와 5000여 종의 디자인 관련 정기간행물을 소장하고 있다. 이중 10만여 권은 개방형 서가에 비치했고, 나머지는 지하 1층의 저장 서고에 보관하고 있다. 도서관 1층은 연구 공간으로 잡지와 정기간행물 서가, 국내외 전시회의 카탈로그 갤러리, 북 갤러리, 그림책 갤러리가 자리하고 있다. 2층은 학생들을 위한 학습 공간으로, 신간 서적과 강의에 쓰이는 교재, 대형 책 등이 비치되어 있다.

이 도서관의 방대한 소장품 중에는 20세기 아방가르드와 관련한 자료, 자연사 아카이브, 나라 시대의 그림책, 에도 시대를 대표하는 소설인 우키요조시浮世草子 등이 있다. 이 희귀 자료들은 도서관에서 진행하는 학과 수업, 강연, 세미나 등에서 종종 활용된다. 이를 비롯해 도서관에서 벌어지는 모든 활동은 이곳 무사시노 미술대학의 연구와 교육에 버팀목이 되어왔다.

후지모토 소우는 숲속 도서관의 이미지를 떠올리면서 이곳을 설계했다고 한다. 숲을 거니는 기분이란 미지의 자료를 발견하는 기대나 흥분과 유사한 것이 아닐까. 서가가 소용돌이 형태로 만들어진 것은 이 때문이다. 소우의 의도처럼 이용자들은 겹겹이 있는 나선형 책장 사이를 거닐면서 책을 발견하게 된다. 나선형 서가를 걷다 보면 마치 양파 껍질처럼 새로운 공간이 하나씩 펼쳐진다. 그런데 끝없이 펼쳐지는 미로 같은 곳에서 중구난방, 아무렇지도 않게 툭툭 튀어나오는 서가들을 보고 있노라니 문득 궁금해졌다. 도대체 이런 곳에서 어떻게 내가 원하는 책을 찾을 수 있을까?

실제로 그것은 그리 어렵지 않다. 도서관 자료는 0부터 9까지 아라비아숫자로 일본 십진분류법에 따라 정리되어 있다. 서가 위에는 도서의 주제 분류를 나타내는 아라비아숫자가 커다랗게 적혀 있다. 총류는 0번, 철학은 1번, 역사는 2번, 사회과학은 3번, 자연과학은 4번, 기술류는 5번, 산업은 6번, 예술은 7번, 언어는 8번, 문학은 9번이다. 만약 당신이 찾는 책이 사회과학서라면 3번 서가로, 시집이라면 9번 서가로 가면 된다.

처음에 소우는 천장까지 닿아 있는 서가를 모두 책으로 채우려고 했다고 한다. 하지만 결국 일곱째 칸까지만 사용하고 그 위는 비워두기로 했다. 그 위에 책을 두고 뽑아보려면 사다리가 필요하고, 지진에 대비하는 조치도 해야 했기 때문이다. 그러나 무엇보다도 다음의 이유가 결정적이었다. "도서관이 완성된 후, 서가가 비어 있는 게 낫겠다고 생각했습니다. 모든 서가가 가득 채워져 있다면 그건 그냥 책장일 뿐이에요. 하지만 빈 곳이 남아 있다면 그건 여전히 충만하고 무한한 가능성의 공간일 겁니다."

소우의 말처럼, 비워진 서가가 있는 이 도서관은 앞으로 다가올 미래를 위한 공간이다. 다양한 서적들이 차곡차곡 채워질 장서들의 집이며, 그곳에서 책을 읽고 연구하는 학생들이 자신의 미래를

무사시노 미술대학 도서관의 내부. 사람 손이 닿는 높이까지만 책이 채워져 있으며, 정면에 보이는 숫자 7은 일본 십진분류표에 의한 분류로 예술서를 가리킨다. 미술대학 도서관답게 왼쪽 서가 옆에 있는 북카트의 디자인 역시 정갈하면서 세련되었다.

❶ 무사시노 미술대학 도서관 입구. 건물 유리창 너머로는 도서관 내부의 서가가 비쳐 보인다.

❷ 도서관 내부의 거대한 계단은 보통 때는 이용자들의 통로이자 전시 공간으로, 때에 따라서는 강의 공간으로도 사용된다.

❸ 열람실과 연결되어 있으면서도 외따로 떨어져 있고, 거대한 건물 외벽 유리창과도 마주하고 있는 2층 좌석. 매우 마음에 드는 자리였다.

설계해갈 잠재적이지만 무한한 가능성의 공간이다. 이곳에서 떠올린 아이디어와 슥하게 그려낸 스케치, 그리고 그들이 만들어낸 창의적인 작품 등은 분명 미래 사회를 변화시키는 기반이 될 것이다.

마지막으로 덧붙일 이야기 하나. 대중교통을 이용해 이 도서관에 가려면 다카노다이역에서 내려 20여 분을 걸어 들어가야 한다. 궁벽한 곳이라 지나가는 택시조차 없어서 투덜대며 걸어갔는데, 걷다 보니 이 길이 참 좋았다. 살랑거리는 바람을 느끼며 잔잔히 흐르는 시냇물 소리를 따라 학교로 이어지는 오솔길을 자박자박 걸었다. 아, 이토록 고요하고 평화로우면서도 적막한 산책이라니! 오래도록 느껴보지 못한 상쾌함이 치고 올라왔다. 아름다운 도서관을 만나러 간다는 설렘 때문이었는지 모르겠지만, 이 길은 여전히 내 기억 속에 오롯이 남아 있다.

유리창 너머로 미시간호가 보이는 리처드 J. 클라체크 인포메이션 커먼스

미국 일리노이주 시카고에 있는 로욜라 대학Loyola University Chicago 은 1870년 예수회에서 설립한 유서 깊은 대학이다. 이번에 살펴볼 도서관은 로욜라 대학이 2008년 미시간호가 내다보이는 환상적인 전망을 가진 곳에 개관한 리처드 J.클라체크 인포메이션 커먼스 Richard J. Klarchek Information Commons다. 이 도서관 건물은 총 6967제곱미터 규모로, 열린 도서관의 개념을 공간 디자인에 차용해 건물의 앞뒤 전면을 유리로 만들었다. 서가의 북엔드가 책을 고정시켜주듯, 석회석 벽이 유리벽 양끝을 단단하게 지지하고 있는 건물이다.

통상적으로 전면 유리 건물은 에너지 절약이 쉽지 않다. 또한 덥고 습한 여름과 춥고 건조한 겨울을 나야 하는 시카고에서 이런 건물을 지으려면 한층 까다로운 건축적 계산이 필요하다. 도서관 설계를 맡은 SCB는 이를 위해 우선 건물 외부 환경을 점검했다. 태양열, 풍속 등을 포함한 상세한 기후 조건을 분석한 뒤, SCB는 자연 환기 장치와 냉·온수 배관 시스템을 통해 에너지를 최적으로 활용하는 하이브리드 빌딩을 설계했다.

건물 외부의 기후 상태는 건물 위에 설치된 기상 관측기를 통해, 건물 내부의 상태는 온도, 습도, 이산화탄소 등을 체크하는 감지기를 통해 확인된다. 창문, 통풍 조절판, 차양, 블라인드는 바로 이 기기들을 통해 측정된 데이터를 바탕으로 자동 조절된다. 여름에는 차가운 물이, 겨울에는 뜨거운 물이 튜브를 타고 흐르며 건물을 식히고 덥힌다. 물을 이용해 내부 온도를 조절하는 냉·온수 배관 시스템은 탁월한 에너지 절감 효과를 발휘한다.

이 유리 건물은 에너지 절감 사례로 세계적인 주목을 받았다. 2007년 유럽건축가포럼LEAF에서 수여하는 유용한 테크놀로지 부문 상을 수상했으며, 2010년에는 미국공조냉동공학회ASHRAE에서 수여하는 상도 받았다. 미국공조냉동공학회의 조사에 의하면, 이 유리 건물은 개관 이래로 시카고의 평균 에너지 사용 기준을 훨씬 밑도는 52퍼센트의 에너지 절감을 이뤄냈다고 한다. 에너지 절감

로욜라 대학의 리처드 J. 클라체크 인포메이션 커먼스 외관. 건물의 앞뒤를 전면 유리로 만들어서 내부가 훤히 들여다보인다. 좌우로는 마치 북엔드가 책을 쓰러지지 않게 해주는 것처럼 석회석 벽이 유리 양 끝을 지지하고 있다. ⓒ Loyola University Chicago

❶ 리처드 J. 클라체크 인포메이션 커먼스의 외관. 건물이 호수와 바로 인접해 있다. ⓒLoyola University Chicago

❷ 인포메이션 커먼스의 내부. 컴퓨터가 가득 들어찬 곳에서 학생들이 열심히 작업을 하고 있다.

❸ 리처드 J. 클라체크 인포메이션 커먼스와 로욜라 대학 메인 도서관인 엘리자베스 M. 쿠더헤이 기념 도서관 사이의 통로에 위치한 카페.

이 비용 절감으로 이어졌음은 말할 필요가 없을 것이다.

오전 10시쯤 되었을까. 내가 열람실에 들어선 지 얼마 안 되었을 때 유리창의 블라인드가 일제히 올라가면서 코발트 빛 호수가 펼쳐졌다. 갑작스러운 밝은 햇살과 끝없이 이어지는 호수의 장관에 나도 모르게 탄성이 절로 나왔다. 하지만 주변을 돌아보니 고개를 드는 이가 없었다. 아니, 이렇게 멋진 곳에서 공부에 집중할 수 있단 말인가! 학생들은 이 풍광에 너무 익숙해진 나머지 별다른 감흥을 느끼지 못하는 것 같았다.

'인포메이션 커먼스'는 컴퓨터, 스캐너, 프린터, 디지털 비디오카메라, 원격 화상회의 장비, 전자책 리더기 등의 기술을 다룰 수 있는 공간으로서 최근 해외의 대학도서관에서 매우 인기가 높다. 리처드 J. 클라체크 인포메이션 커먼스는 도서관 직원들과 로욜라 대학의 정보 기술 서비스 분과의 협력으로 운영된다. 이러한 공조를 통해 이곳은 학생들에게 최첨단 테크놀로지와 학습 공간을 함께 제공하는 것을 목표로 삼고 있다. 도서관 측은 정보 자원, 연구 지원, 도서관 이용 교육 등을 담당하며, 정보 기술 서비스 분과는 컴퓨터의 하드웨어와 소프트웨어, 기술 트레이닝, 네트워크와 무선 인터넷 기반 시설 등을 제공한다.

리처드 J. 클라체크 인포메이션 커먼스의 철학은 협력Collaboration, 연결Connectivity, 공동체Community라는 3C로 요약할 수 있다. '협력'을 위해 도서관은 그룹 스터디 룸을 만들고 이곳에 컴퓨터를 비롯한 각종 장비를 들였다. 각자 문서 작업을 하면서 상대방의 컴퓨터

스크린을 볼 수 있는 소프트웨어도 구비하고 있다. '연결'의 기본은 컴퓨터와 무선 인터넷 서비스의 제공이다. 이를 통해 학생들은 도서관이 제공하는 디지털 기기들을 자유롭게 이용하면서 외부의 온라인 세계와도 접속할 수 있다. 또한 도서관은 많은 그룹들이 협업 작업을 할 수 있게 도움을 줌으로써 '공동체'로서의 성격을 강화시켜나가고 있다.

도서관임에도 불구하고 리처드 J.클라체크 인포메이션 커먼스에는 종이책이 없다. 그 대신 260종의 데이터베이스와 수천 종의 전자 저널이 있으며, 컴퓨터와 소프트웨어, 학습과 연구에 필요한 다양한 서비스를 제공한다. 모든 층의 모퉁이에는 스터디 룸이 있고, 디지털 미디어 랩에는 프린터와 복사기, 스캐너가 있다. 그렇다고 해서 인포메이션 커먼스를 컴퓨터 랩으로 봐선 안 된다. 이곳은 커다란 책상, 편안한 의자, 강의실, 그룹 스터디 룸을 갖춘, 학생들 간 혹은 학생과 교수 간의 소통 공간이기도 하다. 정보를 원하는 이들과 정보를 제공하는 이들이 협력하는 학습 공유 공간인 것이다.

인포메이션 커먼스의 안내 데스크에는 기술 지원을 담당하는 직원과 학업 관련 연구를 도와주는 직원이 함께 근무한다. 전자는 하드웨어와 소프트웨어에서 발생하는 문제를 해결하고, 기기의 접속 및 이용과 관련한 정보를 제공한다. 후자는 데이터베이스 이용을 비롯해 자료 리서치와 인용 등에 대한 문제를 상담해준다.

세상의 온갖 지식과 정보를 찰나의 순간에 살펴볼 수 있는 인터넷 검색의 시대이지만, 대학도서관의 참고봉사 데스크는 여전히

인포메이션 커먼스 바로 옆에는 로욜라 대학의 메인 도서관인 엘리자베스 M.
쿠더헤이 기념 도서관이 있다. 조용하고 엄숙한 성당을 연상시키는 곳이다.

이용자들로 붐비고 있다. 사서들은 이용자들을 응대하며 각종 답
변을 하느라 매우 바빠 보였다. 최첨단 디지털 전자도서관에서도
깊이 있는 정보를 선별해 제공하는 전문 사서들의 역할이 여전히
중요한 것이다. 어쩌면 정보의 과잉 때문에 도리어 사서의 역할이
중요해졌을지도 모르겠다. 사서란 필요한 정보를 찾아내고 분류하
고 분석할 수 있는 전문 교육을 받은 이들이기 때문이다. 게다가 이
곳 사서들은 기술적인 문제까지 함께 답변할 수 있도록 훈련받고
있다고 한다.

앞서 언급했듯이, 리처드 J. 클라체크 인포메이션 커먼스에는 종이책이 단 한 권도 없다. 하지만 1층 통로를 따라 나가면 카페가 있고, 그곳을 지나면 바로 로욜라 대학의 메인 도서관인 엘리자베스 M. 쿠더헤이 기념 도서관Elizabeth M. Cudahy Memorial Library이 있다. 인포메이션 커먼스가 통유리로 만들어진 모던한 곳이라면, 쿠더웨이 도서관은 조용하고 잘 정돈된 엄숙한 성당을 연상시키는 곳이다. 엘리자베스 M. 쿠더헤이 기념 도서관은 인문학, 사회과학, 예술 분야의 약 90만 권의 장서, 3200여 종의 정기간행물, 수백 종의 연구 데이터베이스, 수천 종의 전자책, 3만 5000여 개의 저널을 소장하고 있다. 또한 정부 기록 문서와 대학의 기록물 보관소 역할도 겸하고 있다.

17

오로지 한 분야에 집중한
전문 도서관의 모습

◆ 태국 창의 및 디자인 센터 Thailand Creative & Design Center (태국)

◆ 라이브러리 앳 에스플러네이드 library@esplanade (싱가포르)

◆ 시 재단 도서관 Poetry Foundation Library (미국)

◆

전문 자료들이 망라되어 있는 도서관은
관련 분야 연구자와 학생들에게 일종의 오아시스 같은 곳이며,
일반인에게 그 분야의 대중성을 넓히는 공간이기도 하다.

전문 도서관은 일반 도서관과 달리 특정 분야의 전문적인 도서를 모아둔 곳이다. 일반 도서관처럼 보편적인 자료를 수집하진 않지만, 한 분야에 대해 심도 깊은 자료를 수집하기 때문에 특정 분야에 대해서는 타의 추종을 불허하는 수집량을 보이기도 한다. 또한 특정 분야를 공부하고 연구하는 학생이나 학자들에게 많은 사랑을 받는 공간이다.

다양한 디자인 전문 자료를 보유한 태국 창의 및 디자인 센터

태국 창의 및 디자인 센터Thailand Creative & Design Center는 디자인 산업에서 세계적인 경쟁력을 키우기 위해 태국 정부가 설립한 전문 도서관이다. 태국 정부는 디자인을 통한 경제 부흥을 목표로 삼아 이 센터를 건립했는데, 이를 위해서는 무엇보다도 창의력이 필요하다고 보았다. 이에 센터를 운영하면서 매달 관련 잡지를 제작·배포함으로써 일반인에게 디자인의 중요성을 일깨우고자 했다.

태국 창의 및 디자인 센터는 방콕 프롬퐁역에 있는 엠포리엄 타

태국 창의 및 디자인 센터의 미디어 서비스 데스크. 한쪽 서가에는 새로 출시된 CD, DVD 등이 놓여 있다.

위 6층에 자리하고 있다. 이 건물에는 부유층 고객이나 주재원들이 자주 찾는, 명품 브랜드와 유명 디자이너 부티크가 입점해 있는 엠포리엄 백화점이 있다. 고급 백화점 안에 있는 도서관이라니 어쩐지 낯설고 어색하지만, 지하철역에서 가깝고 유동 인구가 많은 시내 한복판이기에 도서관의 위치로는 나쁘지 않다(2016년 3월 내가 이곳에 방문했을 당시에는 엠포리엄 타워에 도서관이 있었지만, 2017년 5월 이 도서관은 방콕의 중앙우체국 건물로 이전했다. 물론 이전한 도서관 역시 시내 중심가에 있다).

도서관은 예술사, 디자인, 사진, 필름 등과 관련한 5만 5000여 점의 자료를 소장하고 있다. 전 세계에서 출판된 디자인 잡지와 저널 210여 종도 구비하고 있으며, 디자인 산업의 미래를 예측하는 트렌드 북, 올해의 컬러를 선정하는 팬톤 가이드북 등도 갖추고 있다. 또한 멀티미디어 포맷의 디자인 자료, 예술사·디자인·마케팅 관

"Every Idea Has A Material Solution"이라는 글씨가 적힌 곳이 섬유 디자인 실이다. 이곳에는 7500여 종의 섬유 샘플들이 정리되어 있다.

련 데이터베이스도 보유하고 있다. 글로벌 마켓 정보 데이터베이스인 '패스포트 GMID', 세계적인 트렌드 예측 기관에서 발행하는 'WGSN', 전문 디자이너와 디자인 애호가를 위한 온라인 자원인 'STASH' 등도 이곳에서 살펴볼 수 있다.

서가에는 영문 디자인 원서들도 가득 놓여 있다. 도서는 건축 디자인, 실내 디자인과 같은 큰 항목으로 분류된 게 아니라, 카펫 디자인, 소파 디자인, 커튼 디자인과 같이 세부 주제별로 구분되어 있다. 이렇게 항목을 구분해도 될 만큼 세부 주제에 대한 도서들을 많이 보유하고 있고, 디자인 분야 도서를 집대성하고 있다고 봐도 될 만큼 소장 도서량이 방대하다.

이곳에서 가장 재미있게 둘러본 공간은 섬유 디자인실이었다. 여기에는 7500여 종 이상의 섬유 샘플들이 천연 소재, 화학 소재, 반⸋천연 소재 순서대로 정리되어 있다. 난생처음 보는 소재의 섬

◆

❶ 2017년 5월, 방콕 시내의 중앙우체국 건물로 이전한 태국 창의 및 디자인 센터의 열람실. 내가 방문했을 때와는 또다른 모습으로 이용자들을 맞이하고 있을 것이다. ⓒ Thailand Creative & Design Center

❷ 통로를 기준으로 왼쪽 서가의 안쪽에는 강당과 개별 열람실이 있다. 개별 열람실은 회원 등급에 따라 이용 시간 등이 결정된다.

유도 여럿 전시되어 있었다. 이외에 다양한 멀티미디어 자료가 있는 멀티미디어 컬렉션 룸, 영화를 볼 수 있는 무비 룸, 독립 공간으로 만들어진 개별 열람실 등이 있다.

도서관은 회원제로 운영된다. 회원으로 가입하려면 신분증이나 여권을 제시해야 한다. 태국에 거주하는 외국인은 취업 허가증이나 체류 허가증을 제시하면 된다. 처음 방문하는 경우에는 회원이 아니어도 무료입장이 가능하다. 방콕을 여행하는 외국인도 여권을 맡기면 당일은 도서관을 이용할 수 있다.

연회비는 학생, 공무원, 교사, 교수, 60세 이상은 600바트, 그 외의 일반인은 1200바트, 외국인은 3600바트다. 그룹으로 가입할 수도 있는데, 그룹에 포함된 인원수와 태국 시민 여부에 따라 회비가 달라진다. 200바트를 내고 10일 동안 단기로 이용하는 방법도 있다. 회원으로 가입하면 태국 창의 및 디자인 센터에 있는 도서, 잡지, 저널 등의 인쇄 자료와 온라인 데이터베이스를 자유롭게 이용할 수 있다.

공연예술 전문 도서관, 싱가포르의 라이브러리 앳 에스플러네이드

싱가포르의 대표적인 관광지 마리나베이에는 대형 복합 공연장 에스플러네이드가 있다. '모든 이에게 열려 있는 예술 공연 공간'을 구호로 내세우면서 2002년 9월 12일에 개관한 이 공연장은 열대 과일 두리안 모양을 닮은 독특한 외관 때문에 그 자체가 하나의 예

싱가포르의 대형 복합 공연장 에스플러네이드. 외관이 열대 과일 두리안과 똑 닮았다. ⓒ Sengkang

술 작품으로 평가받는다. 내부에는 콘서트홀, 갤러리, 쇼핑센터, 도서관 등이 있으며, 싱가포르의 문화생활을 대표하는 공간으로 우리나라의 예술의전당에 빗대어 소개되곤 한다.

이 건물 3층에 있는 도서관 이름은 라이브러리 앳 에스플러네이드library@esplanade다. 이곳에 도서관을 세운 것은 공연예술을 엘리트의 사치로 인식하는 이들에게 이를 이해하고 향유할 수 있게 하기 위해서다. 일반 대중이 공연예술에 손쉽게 접근할 수 있도록 관련 장서와 프로그램, 정보 서비스를 제공하고 있다.

라이브러리 앳 에스플러네이드가 독특한 이유는 건물의 위치나 외관만이 아니다. 이 도서관은 원스톱 리소스one-stop resource 도서관을 표방하며 음악, 댄스, 연극, 영화 분야를 특화해 다룬다는 점에서 주목받고 있다. 도서관에 있는 네 명의 사서는 문헌정보학 외에

이들 각 분야의 전공 학위를 취득한 이들이다. 직원의 전문성 덕분에 고급 서비스를 제공할 수 있고, 그래서 공공도서관이지만 예술가나 전공자들이 많이 찾는다고 한다. 다루고 있는 분야의 특성상 인쇄 자료뿐만 아니라 악보, 무보, 희곡 대본, 영화 대본, 음악 CD, 영화 DVD, 댄스와 오페라의 동영상 등도 소장하고 있다. 전체 자료는 11만 5000여 점에 달하며, 공연예술 관련 프로그램과 전시회 등 다양한 행사도 주최하고 있다.

이 도서관의 공간은 각각 음악, 댄스, 연극, 영화를 주제로 하는 공연예술 빌리지로 구분되어 있다. 이용자들이 직접 배우고 즐기면서 창의성을 발현하는 환경을 조성하기 위해서다. 각 빌리지는 분야의 특성을 보여주는 컬러와 분위기로 조성되었으며, 자료도 인쇄물, 비인쇄 매체, 미디어의 형태에 따라 분류한 뒤 각 빌리지마다 비치하고 있다.

예를 들면 영화 분야를 다루는 공간인 '필름 빌리지'는 어두운 필름 스튜디오를 모델로 공간을 연출했고, 영화 촬영에 쓰이는 스포트라이트를 조명으로 사용했다. 이곳에는 배우와 영화에 관한 책은 물론 비디오테이프와 DVD 등 각종 자료들이 비치되어 있다. 특히 필름 빌리지는 싱가포르 내에서는 유일하게 16세 이하 관람불가 영화나 18세 이상 관람 가능 영화를 대출해주기도 한다. 또한 아시아 영화 아카이브 컬렉션, 특별/미공개 영화 컬렉션을 비롯해 각종 홍보물, 입장권, 브로슈어 같은 자료 등을 비공개 아카이브로 갈무리하고 있다.

한편 라이브러리 앳 에스플러네이드는 공연예술 전문 도서관에 부합하는 부대시설도 갖추고 있다. 전시 공간인 이노베이션 갤러리, 직립형 피아노와 디지털 피아노를 동시에 갖춘 연습실, 댄스 연습을 할 수 있는 댄스 앨리, 전자 드럼을 비롯한 악기와 각종 장비를 갖춘 사일런트 스튜디오, 홈시어터 시스템이 설치되어 있어서 여럿이 함께 영화를 관람할 수 있는 스크린 룸 등이 있다. 다만 피아노 연습실, 사일런트 스튜디오, 스크린 룸은 각각 시간당 6.1달러, 6.5달러, 5.5달러의 사용료를 지불해야만 이용할 수 있다. 지정된 목적 이외의 방식으로 사용하는 것은 불가하다.

이외에 음악 연주, 작가 강연, 연극 및 무용 공연, 영화 상영, 토론회, 워크숍, 전시회 등을 벌일 수 있는 무대도 마련되어 있다. 이곳에서는 매주 다양한 공연과 행사가 벌어지는데, 싱가포르 주민이든 외국인이든 누구나 무료로 참여할 수 있다.

이 도서관에서 가장 흥미로웠던 곳은 사일런트 스튜디오다. 개인 악기를 가져와서 연주해도 무방하고, 스튜디오의 장비를 쓸 수도 있다. 전자 장비들은 소리를 증폭시키는 앰프를 필요로 하는데, 이곳에서는 다른 이용자에게 소음 피해가 가지 않도록 하는 시스템을 갖추고 있다. 잼 허브 믹서Jam Hub mixer라는 기계를 이용해 전자 기기의 소리를 연주자의 헤드폰으로 전달해주는 방식이다. 물론 스튜디오에서 발생하는 모든 소음을 없앨 순 없지만, 최신 테크놀로지를 도입해 모든 이들이 불편 없이 도서관을 이용할 수 있게 돕고 있는 것이다.

◆

❶ 라이브러리 앳 에스플러네이드. 이 안쪽에 각종 공연과 행사를 할 수 있는 무대가 있다.

❷ 내부 통로에서 다양한 악기를 전시하고 있는 모습.

❸ 악기를 연주할 수 있는 사일런트 스튜디오. 외벽을 유리로 만들었지만, 기계를 이용해 소음을 줄여서 다른 이용자에게 방해가 되진 않는다.

시들의 본거지가 된 미국의 시 재단 도서관

미국 일리노이주 시카고에 있는 시詩 재단 도서관Poetry Foundation
Library은 미국 중서부에서는 유일하고 전 세계적으로도 드문 시 전
문 도서관이다. 이곳에는 어린이 시집, 개인 시집, 시선집, 소책자,
시와 관련한 저널, 시 비평, 그리고 시인들의 산문 작품을 포함해
시와 관련된 약 3만 권의 장서가 소장되어 있다.

도서관 건물은 건축가 존 로넌John Ronan이 설계해 2011년 완공되
었다. L자형으로 건물 바깥에 정원을 조성하고 그것을 또다른 벽으
로 감싸 안는 건물 속 건물 형태다. 특이한 구조 때문에 정원은 마
치 건물의 또다른 공간처럼 느껴진다. 번잡한 바깥세상의 모든 것
을 차단하려는 듯 벽에 둘러싸인 정원은 마치 시끄러운 도시에서
벗어난 청정 보호구역 같은 느낌을 준다. 정원을 거쳐 건물 안으로
한 발짝씩 들어가다 보면 마치 시가 한 구씩 전개되는 것처럼 하나
씩 공간이 펼쳐진다. 전면이 통유리로 되어 있어 도서관 내부는 자
연 채광 덕분에 밝고 환하다.

내부에는 2층 높이의 도서관, 전시 갤러리, 공연장, 리스닝 룸 등
이 있다. 갤러리에서는 시에 대한 이해를 돕는 각종 전시가 진행된
다. 공연장에서는 정원을 배경 삼아 시인들이 자신의 작품을 읽어
주는 낭송회가 자주 열린다. 두 개의 리스닝 룸에서는 시와 관련한
오디오나 비디오를 보고 들을 수 있다.

도서관의 시작은 권위 있는 문학 단체인 시 재단에서 발간하는

시 재단 도서관의 내부. 벽면을 가득 채운 원목 책꽂이에 시집들이 빽빽히 꽂혀 있다. 어린이 시집, 개인 시집, 시선집, 소책자, 시와 관련한 저널, 시 비평, 시인들의 산문 작품 등 시와 관련한 약 3만 권의 장서가 소장되어 있다.

❶ 시 재단 도서관의 입구. 건물이 통유리로 되어 있어서, 정원을 따라 걸어 들어오면 건물 내부를 들여다볼 수 있다.

❷ 도서관 2층에서 바라본 열람실. 서가를 벽쪽에, 좌석을 가운데 배치해 여유 있는 공간감이 느껴진다.

월간지 《포에트리Poetry》와 연관이 있다. 1912년 시카고에서 해리엇 먼로Harriet Monroe가 발행하기 시작한 《포에트리》는 발간 때마다 최고의 시 작품을 선정해 싣는 것으로 명성을 얻었다. 에즈라 파운드, T. S. 엘리엇을 비롯해 수많은 시인의 작품이 이 잡지에 수록되었다.

시인과 출판사들은 작품에 대한 평이나 언급이 실리길 기대하면서 잡지사에 흔쾌히 시집들을 보내주었다. 이렇게 모인 도서들 덕분에 시간이 흐르면서 잡지사는 뚜렷한 특징이 있으면서도 흔치 않은 장서를 보유하게 되었다. 하지만 이런 책들이 늘어나자 비좁은 사무실로는 더 이상 감당할 수 없는 지경에 이르고 만다. 결국 이 장서들은 인근의 인문학 전문 도서관인 뉴베리 도서관Newberry Library으로 이전되어 폐가식 서가에 보관되었다.

이에 시 재단 위원회는 독지가 루스 릴리Ruth Lilly 여사로부터 거액의 후원금을 받은 것을 계기로 과감한 결단을 내린다. 포에트리 잡지사가 들어가서 영구적으로 머물 집, 즉 '시들의 본거지A Home for Poetry'를 건립하기로 한 것이다. 건물 내에는 재단에서 주최하는 여러 프로그램을 진행할 수 있는 공간과 잡지사로 온 책들을 직원뿐만 아니라 일반인도 볼 수 있는 개방 도서관이 마련되었다. 도서관이 보유하고 있는 장서 가운데는 한정판으로 발매되어 이제는 희귀해진 시집, 작가들이 잡지사 편집장들에게 보낸 문구가 적혀 있는 책, 값어치를 매기기 어려운 초판본 등이 상당량 포함되어 있다.

시 재단 도서관의 모든 자료는 대출이 되지 않고 열람만 가능하다. 개관 시간도 짧아서 매주 화요일, 목요일, 금요일 오전 11시부터 오후 4시까지, 그리고 행사가 있는 주말과 야간에 개방된다. 매주 수요일에는 어린이 이용자에 맞춰 공간을 재배치한 뒤 어린이와 그들의 보호자에게만 입장을 허용하고 있다.

도서관 홈페이지에는 '오늘의 시Poem of the Day'라는 섹션이 있다. 여기에서는 한 편의 시와 그 시의 창작 배경에 대한 설명을 작가의 목소리로 감상할 수 있다. 1950년 퓰리처상을 받았고 시카고 주립대학 영문학 교수였던 그웬돌린 브룩스Gwendolyn Brooks, 1980년 노벨문학상 수상 작가이며 하버드 대학 러시아문학 교수를 지낸 체슬라브 밀로즈Czeslaw Milosz의 생생한 육성으로 그들의 작품을 들을 수 있다.

시 재단 도서관의 다채로운 행사들도 많은 이들의 호응을 얻고 있다. '시 축제' '시와 음악의 밤' '장서와 칵테일' '서가에서 가장 좋아하는 시 찾아 낭송하기' '물건 찾기 게임' 같은 경우는 행사 이름만 보더라도 어떤 프로그램일지 짐작이 간다. 하지만 '시 운세 보기'라니, 이건 대체 어떻게 진행되는 것일까. 짐작조차 되지 않는다. 참 궁금하지 않은가. 이 행사의 정체를 알아내기 위해서라도 다시 한번 이곳에 들러봐야겠다.

316

셰익스피어에 의한,
셰익스피어를 위한,
셰익스피어의 모든 것

◆ 폴저 셰익스피어 도서관 Folger Shakespeare Library (미국)

희극과 비극을 비롯해 38편의 희곡과 여러 편의 시집 및 소네트집을 남긴
영국이 낳은 세계 최고 극작가, 윌리엄 셰익스피어.
그는 행복하겠다. 그와 관련한 자료들이 가득한 도서관이 있으니 말이다. ⓒ임윤희 폴저 셰익스피어 도서관Folger Shakespeare Library은 1932년 헨리 클레이 폴저Henry Clay Folger Jr.(1857~1930)와 에밀리 조던 폴저Emily Jordan Folger(1858~1936) 부부가 건립했다. 헨리는 뉴욕의 중산층 가정에서 태어났고, 이후 스탠더드 오일의 대표가 된 이다. 그는 애머스트 칼리지를 다니면서 학비에 보탬이 될까 해서 여러 에세이 콘테스트에 참가했고, 두 차례 상을 받기도 했다. 이때 셰익스피어 관련 에세이 콘테스트에 참가했던 것이 셰익스피어 희곡에 대한 사랑이 싹튼 계기가 되었다. 헨리는 브루클린의 한 문학 클럽에서 에밀리를 처음 만났는데, 그녀는 바사르 칼리지에서 셰익스피어를 전공하는 학생이었다. 이들은 3년의 연애 끝에 1895년 결혼했고, 바로 그해에 셰익스피어의 『포스 폴리오Fourth Folio』를 107달러 50센트에 구입한 것이 폴저 셰익스피어 도서관 장서의 시작이었다.

세계 최고의 셰익스피어 기념물, 폴저 셰익스피어 도서관

헨리와 에밀리는 셰익스피어에 관한 것이라면 책이든 그림이든

1927년 영국의 화가 프랜시스 솔즈베리가 그린, 폴저 셰익스피어 도서관의 창립자 헨리와 에밀리의 초상. ⓒ Folger Shakespeare Library

문서든 가리지 않고 구입해나갔다. 셰익스피어에 대한 사랑에 있어서 두 사람은 우열을 가릴 수 없는 쌍벽이었고, 셰익스피어에 관한 한 못 말리는 한 쌍이었다. 헨리는 셰익스피어와 관련된 각종 자료들을 찾아다녔고, 에밀리는 서지학적 접근을 통해 문헌 조사를 하면서 헨리가 책과 필사본의 구입을 망설일 때마다 그것을 사들이도록 부추겼다.

두 사람 사이에는 아이가 없었다. 그 대신 자신들이 소장한 장서를 후손으로 여겼다. 실제로 헨리는 셰익스피어 희귀본을 마치 자식인양 '아이들the boys'이라고 불렀다. 이 부부는 한평생 자신의 시간과 열정과 전 재산을 온통 셰익스피어 희귀본 구입에 쏟아부었다. 그런 그들의 꿈은 셰익스피어 연구자들을 위해 소장품을 개방

320

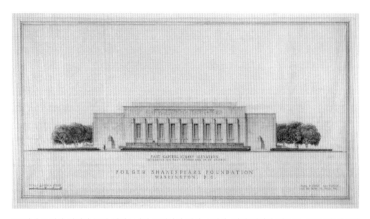

폴 필립 크레가 설계한 폴저 셰익스피어 도서관의 정면 스케치. 하얀 대리석 건물로, 1932년 미국의 워싱턴 D.C.에서 개관했다. ©Folger Shakespeare Library

하는 연구 도서관을 짓는 것이었다. 1930년 헨리가 급작스럽게 사망했지만, 에밀리는 그 뜻을 이어받아 도서관을 건립했다. 이들 부부의 유해는 현재 폴저 셰익스피어 도서관의 옛 열람실 아래에 매장되어 있다.

　도서관은 개관 전부터 이미 셰익스피어 관련 유물을 전 세계에서 가장 많이 보유하고 있었으며, 개관과 함께 셰익스피어 연구의 최고 센터로 명성을 얻었다. 도서관의 위치는 긴 고민 끝에 미국의 수도인 워싱턴 D.C.로 결정되었다. 이는 셰익스피어가 미국인의 사고와 믿음 그리고 희망을 그려낸 최고의 자원이라는 폴저 부부의 신념 때문이었다. 또한 자신들이 미국인이기에 이들 장서가 국가의 보물이 되기를 바랐던 애국심의 발로이기도 했다.

　도서관의 설계는 필라델피아에서 활동한 유명 건축가 폴 필리프

❶ 폴저 셰익스피어 도서관의 외관. 벽에는 돌을새김으로 셰익스피어의 대표작 장면들이 새겨진 패널이 붙어 있다.

❷ 열람실 창문의 스테인드글라스. 인간의 일곱 시기, 즉 유아기, 아동기, 연애기, 군인기, 정의기, 노년기, 고령기의 모습을 표현했다.

크레 Paul Philippe Cret 가 맡았다. 인테리어는 높은 석고 천장, 목재 기둥, 스테인드글라스 창문, 장식용 타일 플로어 등으로 튜더 왕조의 잉글랜드 스타일을 연상시킨다. 하얀 대리석 건물 외부에는 1.83미터 높이의 패널에 돋을새김으로 『한 여름 밤의 꿈』 『로미오와 줄리엣』 『베니스의 상인』 『맥베스』 『줄리어스 시저』 『리어 왕』 『리처드 3세』 『햄릿』 『헨리 4세』의 한 장면이 각각 묘사되어 있다.

폴저 셰익스피어 도서관의 내부는 크게 전시실, 소극장, 열람실로 구성되어 있다. 전시실에서는 도서관의 소장 장서를 중심으로 기획전이 열리고, 셰익스피어 생존 당시 영국의 극장을 복원해 만든 소극장에서는 셰익스피어 작품의 공연을 비롯해 음악 콘서트, 시 낭송회 등이 개최된다. 미국에서 픽션을 대상으로 하는 가장 큰 규모의 상인 펜/포크너 상의 시상식도 이곳에서 열린다. 매년 4만 명 이상의 관객이 엘리자베스 시대 영국의 분위기가 물씬 풍기는 이 극장을 찾아온다.

셰익스피어 시대의 양식으로 인테리어를 한 열람실은 셰익스피어 연구자들에게만 공개되는 일종의 보물 창고다. 열람실에 들어서면 끄트머리의 커다란 창문에 있는 스테인드글라스가 눈에 들어온다. 1932년 필라델피아의 스테인드글라스 제작자 노콜라 다셴초 Nocola D'Ascenzo 가 디자인한 것으로, 여기에는 셰익스피어의 희곡 『뜻대로 하세요』 2막 7장에 나오는 인간의 일곱 시기, 즉 유아기, 아동기, 연애기, 군인기, 정의기, 노년기, 고령기의 모습이 묘사되어 있다.

문서로 기록된 세계 최고의 책, 『퍼스트 폴리오』

셰익스피어의 첫 번째 희곡집 원제목은 '셰익스피어의 희극과 역사, 그리고 비극Mr. William Shakespeare's Comedies, Histories and Tragedies' 이다. 현대의 학자들은 이 긴 제목 대신 간명하게 '퍼스트 폴리오 First Folio'(1623)라고 부른다.

이 책은 셰익스피어 사후 7년이 지나 친구이자 동료 배우였던 존 헤밍스John Heminges와 헨리 콘델Henry Condell에 의해 출간되었다. 이들은 셰익스피어가 직접 쓴 필사본과 대사를 잊어버린 연기자들을 위한 대본, 그리고 자신들의 기억에 의존해서 책을 만들었다. 이 『퍼스트 폴리오』가 없었더라면 『맥베스』『폭풍우』『뜻대로 하세요』『줄리어스 시저』를 비롯한 셰익스피어의 희곡 18편은 이후 세상에서 빛을 보지 못한 채 사라졌을 것이다. 총 36편의 셰익스피어 희곡을 담고 있는 이 책은 셰익스피어 연구자와 배우들에게 일종의 성배나 다름없다.

이후 1632년에 『세컨드 폴리오Second Folio』, 1663년에 『서드 폴리오Third Folio』, 1685년에 『포스 폴리오Fourth Folio』가 출간된다. 매번 인쇄될 때마다 누군가에 의해 텍스트가 바뀐지라 수세기 동안 셰익스피어 연구자들은 분주하게 그 이유를 알아내야 했다.

『퍼스트 폴리오』는 약 750권이 인쇄된 것으로 알려져 있다. 가로 22.86센티미터, 세로 33센티미터 크기에 900여 쪽짜리 책이며, 송아지 가죽으로 제본되었다. 현재는 약 234권이 남아 있는데, 대부분의 책은 오래되고 낡아서 많이 훼손되었으며 군데군데 페이지가 없는 책이 대부분이다.

현존하는 『퍼스트 폴리오』는 인쇄된 책으로는 상당히 비싼 책 중 하나로 알려져 있다. 2001년 뉴욕 크리스티 경매장에서는 『퍼스트 폴리오』 한 권에 610만 달러(한화로는 약 67억 원)에 팔린 적이 있다. 크리스티 경매장의 고서 전문가 스티븐 매시Stephen Massey는 이 책을 "세계에서 문서로 기록된 최고의 책"이라고 칭송했다.

한편 『퍼스트 폴리오』 도난 사건이 벌어졌을 때 폴저 셰익스피어 도서관이 문제 해결의 실마리를 제공한 흥미로운 일화가 있다. 2008년에 53세의 골동품상 레이먼스 스콧Raymond Scott이 『퍼스트 폴리오』 한 권을 들고 와서 도서관에 감정을 의뢰했다. 도서관의 고서 전문가들은 이 책이 영국의 더럼 대학Durham University 팰리스 그린 도서관Palace Green Library의 캐비닛에 전시되던 중 1998년 홀연히 사라진 책임을 밝혀냈다. 원소유주를 알 수 없도록 가죽 커버와 표제 페이지를 없앴고 책등의 끝이 잘리는 등 훼손된 채 10년이 지나 발견된 것이었지만, 이 책이 의심할 여지 없이 더럼 대학의 주교 존 커즌John Cosin의 것이라고 판명한 것이다.

폴저 셰익스피어 도서관의 고서 전문가들은 현존하는 『퍼스트 폴리오』가 크기와 인쇄 방식, 카탈로그 페이지에 손으로 쓴 주석 등으로 구분되기 때문에 모두 제각각의 DNA를 가지고 있다고 주장한다. 정말 대단한 전문가들 아닌가! 결국 300만 파운드(한화로 약 43억 원)에 달했던 이 책은 분실 기간 동안의 훼손 때문에 그 절반으로 가치가 절하되었다.

이 책을 감정했던 폴저 셰익스피어 도서관의 리처드 쿠타^{Richard} Kuhta는 책의 정체를 알아낸 순간 심장이 멈추는 것 같았다고 한다. 도서관 측은 곧 FBI와 영국 대사관, 그리고 더럼 대학 도서관에 신고했다. "이것은 단순한 책이 아닙니다. 손상되고 훼손된 문화유산입니다. 이 책은 너무 심각하게 피해를 입어서 복구할 수가 없어요." 셰익스피어에 대한 애정이 가득한 리처드 쿠다의 안타까움이 느껴지는 말이다. 이 책의 원소유자를 가늠하기 위한 재판에서 리처드 로던^{Richard Lowden} 판사는 『퍼스트 폴리오』가 영국 문학의 정수이며, 이 책의 훼손 행위는 문화 파괴라고 규정했다.

레이먼드 스콧은 절도에 대해서는 무죄 판결을 받았지만, 장물 거래죄로 8년형을 선고받았다. 재판 내내 그는 이 책이 피델 카스트로의 보디가드이자 쿠바의 육군 소령이었던 '대니^{Danny}'의 소유고, 자신은 쿠바의 21살 댄서 애인과 판매 대금을 나누기로 했을 뿐이라며 자신의 무죄를 주장했다. 하지만 이후 인터뷰에서 자신이 도서관에 몰래 들어가 십자드라이버로 캐비닛을 열고서 자신의 플라스틱 쇼핑백에 책을 밀어넣었다며 범죄를 자백했다. 쿠바의 애인과 샴페인을 즐기는 삶을 누리고자 저지른 범죄였다. 그는 2013년 감옥에서 자살로써 생을 마감했다. 레이먼드 스콧의 『퍼스트 폴리오』 도난 사건은, 그가 훔친 책의 표지처럼 "희극과 역사, 그리고 비극"이라는 셰익스피어가 사랑했던 세 장르의 드라마적 요소를 모두 포함하며 완벽하게 마무리되었다.

셰익스피어를 사랑하는 이들의 천국, 폴저 셰익스피어 도서관에 소장된 『퍼스트 폴리오』 82권이 나란히 줄 맞춰 보관되어 있는 모습. 표지 장정의 빛깔이 제각각 이지만 한껏 고풍스럽다. ⸀ Folger Shakespeare Library

폴저 셰익스피어 도서관은 현재 82권의 『퍼스트 폴리오』를 소장하고 있다. 영국의 국가 대표 도서관인 대영 도서관조차 5권밖에 소장하고 있지 않은 책을 세계에서 가장 많이 보유하고 있는 것이다. 『퍼스트 폴리오』는 일반인이 접근할 수 없는 도서관 지하의 매뉴스크립트 저장고 안에 보관되어 있다. 1473년부터 1660년까지 잉글랜드에서 인쇄된 모든 자료의 절반 이상이 이 지하 저장고 안에 있다.

도서관 직원이라 해도 모두 이 저장고에 들어갈 수 있는 것은 아니며, 소수의 직원만이 저장고 열쇠를 가지고 있다. 소방 시설을 철저하게 갖추고 있어서, 저장고 안에서 불이 나더라도 소화기를 이용하는 것이 아니라 산소를 제거하는 방식으로 화재가 진화된다. 값을 매길 수 없을 만큼 귀한 서적들이 물 때문에 손상되는 것을 막기 위해서다. 그런데 화재 시 실수로 사람이 갇히게 된다면 산소가 제거될 테니 정말 끔찍한 일이 일어날 것이다!

폴저 셰익스피어 도서관은 82권의 『퍼스트 폴리오』 외에도 25만 5000여 권의 장서를 소장하고 있다. 물론 15~18세기에 발간된 셰익스피어 관련 장서와 필사본이 가장 중요한 소장 자료다. 하지만 이외에도 영국을 비롯한 유럽의 문학, 문화, 정치, 사회, 역사 관련 작품들을 다수 소장하고 있다. 또한 희곡 외의 예술 작품, 지도, 마이크로필름, 오디오 및 비디오 자료, 연극 광고 안내문 등도 보유하고 있다.

한편 이곳은 셰익스피어 연구자들을 위해 각종 자료를 제공하는 연구 기관이자 셰익스피어의 생애와 시대를 소개하는 박물관이기도 하다. 귀중한 장서를 보유하는 것 이상의 역할을 하는 도서관인 것이다. 셰익스피어와 관련한 그림, 판화, 사진, 악기, 공연 의상, 영상 기록물 등이 이곳에 소장되어 있고, 이들 자료를 바탕으로 전시가 기획된다. 매년 10만 명 이상의 방문객이 이 도서관을 찾아와 내부를 둘러보고 자료를 살펴보며 전시와 공연을 즐긴다. 도서관은 각종 전시 안내를 비롯해 국가 사적으로 지정된 이 도서관 건물의 건축적 의의, 도서관의 역사 등에 대한 소개를 무료로 제공한다.

이곳은 셰익스피어 연구자에게는 진정 환상적인 공간이다. 도서관은 효율적으로 장서를 관리하면서 이를 이용자에게 제공하며, 사서들은 이용자를 위한 조력자로서의 역할을 수행한다. 폴저 셰익스피어 도서관에는 셰익스피어에 대한 엄청난 지식을 가진 큐레이터, 보존 전문가, 구매 전문가, 카탈로그 편집자 등이 일하고 있다. 또한 인문학 연구자들의 연구 센터인 폴저 인스티튜트에서는 다학제 간 비교문화 프로그램을 비롯해 학생들을 위한 레지던시 연구 펠로우십을 제공한다. 셰익스피어가 미국인은 아니지만 세계에서 유례를 찾아볼 수 없는 수많은 셰익스피어 관련 문헌이 이곳에 있기에, 또한 그것을 뒷받침하는 시설과 인력 역시 최상이기에, 셰익스피어 전공자라면 누구나 한 번쯤 이 도서관에 발 들이고 싶어한다.

◆

❶ 도서관의 희귀 장서들이 보관된 매뉴스크립트 저장고의 입구. 은행 금고와 같은 육중한 문만 보더라도 이곳이 얼마나 장서를 철통같이 관리하고 있는지 알 수 있다.

❷ 엄격하게 허가받은 이들만 들어갈 수 있는 열람실 내부의 모습. 셰익스피어 연구자들은 이곳에 드나들 수 있다는 것을 영광으로 생각한다.

폴저 셰익스피어 도서관은 수백 년 전의 작가와 관련한 자료를 보유하고 있지만, 자원과 기술만큼은 최첨단을 자랑한다. 도서관 웹 사이트에서는 상당수의 장서들을 디지털로 제공하고 있으며, 온라인 카탈로그의 이름은 햄릿의 이름을 딴 '햄넷Hamnet'이다. 웹 사이트 외에도 블로그, 페이스북, 트위터, 유튜브, 아이튠즈 등을 이용해 온라인에 셰익스피어 관련 자료들을 소개하고 있다. 또한 이 도서관의 보존 연구실은 부서지고 손상되기 쉬운 작품 보존에 있어서 최첨단 기술을 보유한 기관이다. 오래전 만들어진 귀중한 고서들의 훼손을 막기 위한 최고의 기술을 가진 것으로 전 세계에 알려져 있다.

셰익스피어 연구 전문 열람실의 엄격한 풍경

폴저 셰익스피어 도서관은 고서와 희귀서를 전문으로 하는 사립 연구 도서관으로서 회원에게만 열람실 이용을 허락하고 있다. 이 도서관의 회원이 되려면, 현재 대학에 소속된 교원이거나 박사 과정 이상의 연구자여야 하며 신분증과 추천서를 제출해야 한다. 이 때문에 도서관 회원 카드를 소지하고 열람실에서 자료를 이용할 수 있다는 것은 그 자체만으로도 굉장한 영광으로 여겨진다.

단, 한시적으로 제한된 시간 동안 열람실 이용을 허가해주기도 한다. 현재 특정 프로젝트를 진행하고 있으며, 저명한 학자 2인의 추천서와 함께 지원자의 이력, 프로젝트의 성격, 연구 목적 등을 밝힌 문서를 제출한 경우다. 이때는 온라인 카탈로그 햄넷을 이용해 필요한 자료를 사전에 지정해야 한다. 필사본, 예술 작품, 희귀서 등 아직까지 햄넷에 등록되지 않은 자료를 이용하고 싶다면 카드 카탈로그를 참조해 자료를 지정하면 된다. 이 모든 서류를 제출하면 일주일 내에 지원자에게 이용 자격 여부가 통지된다.

매년 전 세계에서 1000여 명의 연구자들이 초기 근대 유럽을 연구하기 위해 이곳을 찾는다. 스페셜 컬렉션에 포함된 희귀서, 필사본, 예술 작품 등을 자료 신청 용지에 적어 열람실 데스크에 제출하면 15~20분 사이에 이용자에게 자료가 전달된다. 열람할 때 자료를 손상시킬 수 있는 포스트잇이나 기타 접착성 있는 종이, 먼지나 산성 성분이 포함된 종이 등은 사용해선 안 된다. 또한 열람실과 카탈로그 룸, 컨퍼런스 룸에서는 잉크펜, 볼펜, 매직펜, 색연필, 가위, 풀, 스카치테이프 등도 사용이 금지된다. 책에는 어떤 흔적도 남겨선 안 되며, 내용을 지우거나 책을 접는 행위도 큐레이터의 허락 없이는 허용되지 않는다.

일반인은 연구자에게 방해가 되지 않도록 전시실 유리를 통해서만 열람실을 들여다볼 수 있다. 하지만 1년에 단 하루, 도서관 개관 기념일이자 셰익스피어의 생일인 4월 23일에 열람실을 일반인에게 공개한다.

책은 불타버리고
빈 책장만 남겨진
도서관

◆ 매장埋藏 도서관-Versunkene Bibliothek (독일)

독일의 베를린에 있는 베벨 광장. 독일을 여행하는 이들이라면 한 번쯤 들르게 되는 곳이다.
1933년 평화로워 보이는 이곳에서 벌어진 끔찍한 분서 사건을 되짚어보자. ⓒ WeeHaggis

1933년 5월 10일, 이슬비가 내리는 저녁이었다. 독일의 수도 베를린 중심가에 있는 베벨 광장Bebelplatz에 나치 제복 차림의 군중들이 구름처럼 몰려들고 있었다. 오페라 〈탄호이저〉에 나오는 '순례자의 합창'을 따라 부르며 광장으로 향하는 그들의 손에는 횃불이 하나씩 들려 있었다. 장엄한 바그너의 노래가 울려 퍼지는 광장에는 이미 흥분과 열기가 넘쳐나고 있었다.

광장의 한가운데에는 수많은 책들이 쌓여 있었다. 나치 정권의 선전 장관이었던 파울 괴벨스Paul Geobbels의 지휘 아래 국가사회주의독일학생동맹NSDStB, 독일학생동맹DSt, '갈색 셔츠단'이라고 불렸던 돌격대Sturmabteilung, 그리고 독일 나치당이 만든 청소년 조직인 히틀러 청소년단Hitlerjugend 소속 학생들이 훔볼트 대학을 비롯한 인근의 대학도서관에서 가져온 책들이었다. 책을 에워싸고서 사람들이 운집해 있었다.

이 책들은 나치가 독일 정신에 위배된다고 판정한 것이었다. 카를 마르크스, 지크문트 프로이트, 알베르트 아인슈타인, 하인리히 하이네와 같은 유대인 석학은 물론이고 토마스 만, 베르톨트 브레

1933년 독일의 베를린, 베벨 광장. 잿더미가 된 책들을 바라보면서 사람들이
한 손을 들고 나치 경례를 하고 있다.

히트, 에리히 레마르크와 같은 독일 작가를 포함해 모두 131명이
쓴 저작들이었다. 정치 서적뿐만 아니라 철학, 역사, 정신분석, 교
육, 종교, 문학 등의 분야를 망라했다.

제단 위에 마련된 연설대에 올라간 괴벨스가 격정에 찬 목소리
로 외쳤다. "더러운 정신들을 불속으로 던져버려라!" 책 더미 위로
장작이 던져졌지만 불길이 바로 시작되진 않았다. 가늘게 내리는
부슬비 탓이었다. 누군가 휘발유를 들이붓자 그제야 화염이 치솟
았다. 책들의 화형식이 진행되는 동안 광장에 모인 수많은 이들이
환호성을 질렀다.

이후 전국 각지의 광장과 대학가에서는 유사한 행사가 잇달았
다. 공개적인 분서焚書 행위는 그해 10월까지 독일 전역의 70여 개
도시에서 계속되었다. 불타버린 책과 함께 언론·출판·집회·결사

의 자유도 사라졌다. 유대인과 지식인에 대한 대대적인 탄압이 시
작되었고, 이들의 망명이 줄을 이었다.

불타는 자신의 책을 지켜봐야만 했던 금서의 작가들

그날 군중 속에 숨어서 자기 작품이 파괴되는 현장을 지켜봤던
작가가 있다. 현대 독일 동화의 계보에서 독보적 위치에 있는 시인
겸 소설가 에리히 케스트너Erich Kästner다. 그는 그날 밤을 이렇게 회
상했다. "화형식을 치르는 동안 음습한 기운이 베를린 하늘을 가득
채우고 있었습니다. 친위대 제복을 입은 학생들 사이에 끼어서 기
만에 가득 찬 거짓말쟁이 괴벨스의 장광설을 들으며 책들이 화염
에 타들어가는 모습을 지켜봤어요." 책들은 불타버렸고 작품 활동
도 금지되었다. 그는 자신의 책을 조국 어느 도시에서도, 심지어 자
신의 고향에서도 볼 수 없다는 사실에 절망했다.

나치는 작품을 태워버릴 수 없을 땐 작가를 지워버렸다. 많은 독
일인의 사랑을 받은 〈로렐라이〉라는 가곡이 있다. 나치는 이 노래
를 싫어했다. 〈로렐라이〉의 가사를 지은 하이네가 유대인이었기 때
문이었다. 하지만 워낙 유명한 곡이다 보니 노래를 금지할 순 없었
다. 그러자 나치는 이 노래를 '작자 미상 민요'라고 홍보해 하이네
의 이름을 대중의 기억에서 지워버리려 했다.

분서 당시 오스트리아 빈에 머물고 있던 독일 작가 오스카어 마
리아 그라프Oskar Maria Graf는 자신의 책이 불태워지거나 금지된 게

왼쪽은 독일의 화가 게오르그 슈림프가 그린 〈오스카어 마리아 그라프의 초상〉. 오른쪽은 자신의 책들이 나치의 권장도서 목록에 있다는 걸 알고 분개한 그라프의 일을 시로 남긴 베르톨트 브레히트.

아니라 나치의 권장도서 목록에 있다는 것을 알고는 경악했다. 그는 내가 왜 이런 불명예를 당해야 하느냐며 자신의 책도 불태우라는 글을 1933년 5월 12일 《빈 노동자 신문*Wiener Arbeiterzeitung*》에 게재했다.

또다른 금서 작가로 자신의 책 역시 불태워졌으며 나치의 박해를 피해 망명을 떠나야 했던 브레히트는 「분서」라는 시에서 이 일화를 다루고 있다.

> 그 정권이 해로운 지식이 담긴 책들을
>
> 공개적으로 불태우라고 명령했을 때, 그리고 곳곳에서
>
> 소들이 책을 실은 수레를 끌고

소각장으로 갔을 때,

최고의 시인들 중 한 명인 쫓기는 시인은

불태워진 책들의 목록을 살펴보고, 자신의

책들이 빠졌다는 사실에 경악했다. 그는 급히 책상으로 가서

분노하여, 권력자들에게 편지를 썼다.

내 책을 불태워라! 그는 휘갈겨 썼다. 내 책을 불태워라!

나에게 그런 짓을 하지 마라! 나를 빼놓지 마라!

내가 내 책에서 항상 진실을 말하지 않았던가? 그런데 지금

내가 너희 때문에 거짓말쟁이로 취급받는구나! 너희에게 명령한다,

내 책을 불태워라!

슈테판 츠바이크는 나치의 압박을 피해 브라질로 망명했으나 정
신적 고향인 유럽의 자멸로 우울증을 겪었다. 결국 그는 1942년 자
유의지와 맑은 정신으로 먼저 세상을 떠난다는 유서를 남기고서
부인과 함께 약물 과다 복용으로 생을 마감했다. 발터 벤야민은 망
명을 시도하다가 실패했고, 무기력한 절망감에 빠져 프랑스와 스
페인의 경계에 있는 작은 도시 포르부에서 자결했다. 프로이트는
나치를 피해 영국으로 망명해서 간신히 목숨을 건졌지만, 그에 대
한 보복으로 나치는 그의 누이 넷을 모두 가스실로 보내 잔인하게
살해했다.

브레히트는 자신의 표현에 의하면 "빵을 벌기 위해 거짓말을 팔
아먹는 시장"인 할리우드로 갔다가 1948년 다시 독일로 돌아오기

까지 오랜 세월 동안 여러 나라를 떠돌며 불안하고 외로운 망명 생활을 했다. 뜻을 같이했던 이들이 치열한 저항 끝에 처참하게 죽어가는 것을 머나먼 망명지에서 지켜보며 쓴 시가 그 유명한 「살아남은 자의 슬픔」이다. 격앙된 목소리가 반복되는 「분서」와 달리 이 시는 매우 간결하며, 어조는 담백하기만 하다.

물론 나는 알고 있다.
오로지 운이 좋았던 덕분에
그 많은 친구들보다 오래 살아남았다.
그러나 지난밤 꿈속에서
친구들이 나에 대해 이야기하는 소리가 들려왔다.
"강한 자는 살아남는다."
그러자 나는 자신이 미워졌다, 미워졌다.

덩그러니 빈 책장으로 채워진 공간, 매장의 도서관

'보리수 아래에서Unter den Linden'라는 멋들어진 이름의 거리 옆에 있는 베벨 광장은 작고 울퉁불퉁한 자갈돌이 깔린 네모난 광장이었다. 이곳은 세상을 뒤흔들었던 요란한 함성이 언제였던가 싶을 정도로 그 흔한 동상 하나 없이 텅 비어 있었다. 스마트폰으로 지도를 검색하며 광장을 몇 바퀴 돌았다. 대체 도서관이 어디 있다는 거지? 사방을 찾아다녔지만 소용없었다. 어디선가 갑자기 나타난 단

베벨 광장 서쪽에 있는 옛 도서관 건물. 베를린에 세워진 첫 번째 독립 도서관으로, 왕립도서관으로 지어졌다. 바로크풍 건물이 시선을 잡아끈다.

체 여행객 무리가 우르르 몰려들어 바닥을 들여다보는 걸 보고서야 내가 찾던 곳을 알게 되었다.

이곳 베벨 광장은 1740년 도시의 성을 허문 자리에 조성되었다. 1743년 여기에 국립 오페라 극장Staatsoper이 세워졌기 때문에 오페라 광장이라고도 불렸다. 하지만 악명 높았던 분서의 기억을 내려놓고 새로운 걸음을 내딛기 위해 1947년 베벨 광장으로 개명했다. 독일사회민주당SPD의 지도자였던 아우구스트 베벨August Bebel의 이름을 따온 것이다. 베벨 광장에는 우아한 오페라 극장이 있고, 그 뒤에는 1773년 완공된 밝은 초록빛 돔 지붕의 성 헤드비히 대성당St. Hedwigs Kathedrale이 있다.

광장의 서쪽에는 옛 도서관Alte Bibliothek 건물이 있다. 이곳은 원

래 1775년부터 1780년 사이에 베를린에 세워진 첫 번째 독립 도서
관이었다. 1661년부터 수집해온 프로이센 왕실의 장서를 보관하기
위한 왕립도서관으로 건립된 것이었다. 안으로 휘어지는 곡선형의
바로크풍 건물은 시선을 잡아끄는 매력이 있는데, 이 오목하고 구
부러진 형태 때문에 '코모데commode'(서랍장)라고도 불린다. 도서관
건물은 옛 궁전과 인접해 있으며, 두 건물 모두 지금은 훔볼트 대학
의 법과대학 본부로 사용되고 있다.

다시 베벨 광장의 또다른 도서관 이야기로 돌아가보자. 관광객
들이 몰려 있던 베벨 광장의 한가운데에는 투명한 유리판이 있고,
그 아래에 도서관이 있었다. 땅속에 있는 '매장埋藏 도서관Versunkene
Bibliothek'이다. 낮에는 잘 보이지 않는다. 몇 번이나 부근을 지나치
면서도 전혀 알아채지 못한 이유다. 밤에는 조명을 켜놓아서 오히
려 안쪽까지 훤히 보인다. 가까이 다가가 자세히 들여다보면 유리
판 아래쪽에 깊고 넓은 공간이 보인다. 2만여 권의 책을 담을 수 있
는 백색 책꽂이가 놓여 있다. 그런데 안은 텅 비어 있는, 온통 하얀
지하 서고다.

이 도서관은 슈투트가르트 미대 교수이자 유대인 출신 예술가
인 미하 울만Micha Ullman이 1994년부터 1년여에 걸쳐 디자인했다.
1933년 5월 10일에 벌어진 나치의 분서 사건을 영원히 잊어서는
안 된다는 생각을 담은 작품이다. 전체 열람실 규모는 가로 706센
티미터, 세로 706센티미터, 높이 530센티미터이며, 14개의 빈 서가
가 열람실 벽을 채우고 있다.

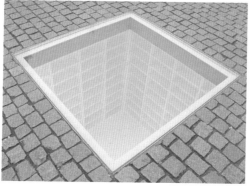

◆

❶ 한밤의 매장 도서관. 조명을 밝힌 덕분에 낮보다 또렷하게 살펴볼 수 있다. 뒤에는 옛 도서관 건물이 불을 밝히고 있다.

❷ 낮에 살펴본 매장 도서관. 유리 아래로 텅 비어 있는 흰색 서가가 보인다. 책은 단 한 권도 없는 도서관이다.

❸ 매장 도서관 옆에 있는 동판. 왼쪽에는 분서 사건에 대한 설명이. 오른쪽에는 하이네의 희곡 한 구절이 새겨져 있다.

기념물 옆에는 마치 책처럼 펼쳐진 동판이 하나 깔려 있다. 왼쪽에는 분서 사건에 대한 짤막한 설명이 적혀 있고, 오른쪽에는 유대인 출신의 세계적 문인인 하인리히 하이네의 희곡 『알만조르 Almansor』에 나오는 글이 새겨져 있다. 분서가 일어나기 110년 전, 마치 예언처럼 시인이 남긴 글귀다. "책을 불사르는 것은 오직 시작일 뿐이다. 결국에는 사람도 불태우게 될 것이다"

미하 울만은 독일의 심장부 한복판에 거대한 구덩이를 파서 텅 빈 무덤을 만들어놓고 그 위에 유리관을 씌움으로써 야만적인 학살과 지식의 침묵을 표현하고자 했다. 그는 이곳을 '도서관'이라고 불렀다. 물론 지하에 매장되어 있어서 일반인은 접근할 수 없지만 말이다. 오직 시설 관리팀만이 1년에 두 번 안으로 들어간다. 이들은 빈 서가를 청소하고 내부를 밝히는 전등의 전구를 교체한다.

"비어 있음과 침묵을 보실 수 있습니다. 이것이 도서관을 이루고 있는 두 개의 중요한 요소입니다." 울만의 설명이다. "아래에서 유리를 올려다보면 하늘이 흐릿하게 보입니다. 베를린의 날씨 탓에 대개 구름이 잔뜩 끼어 있지요. 마치 연기로 가득한 것처럼 말이에요. 거의 매일 도서관의 책들이 불에 타는 것 같은 느낌이 듭니다."

이 작품은 과거의 뼈아픈 역사를 잊지 않고 기억하겠다는 강한 의지를 보여준다. 또한 분서에 대한 저항과 극복의 의미이자 도서관이 여전히 건재하다는 증명이기도 하다. 비록 당시의 책들은 모두 불타 없어졌고 작가들은 고통 속에 죽어갔어도, 그들이 심혈을 기울이며 책 속에 담았던 아이디어와 사상은 결코 전소되지 않았

다. 빈 책장만 뼈대처럼 남아 땅속에 매장되어 있을지언정 도서관
은 결코 사라지거나 죽지 않는다. 내가, 당신이, 그리고 우리가 여
전히 그들을 기억하고 그날을 잊지 않았으므로.

어느덧 베벨 광장에 어둠이 짙게 깔려왔다. 유리판을 통해 새어
나오는 지하 서고의 전등 빛이 환하게 비쳐오기 시작했다.

이 책에 언급된

도서관

관련 정보

1장 도서관이 펼쳐가는 새로운 실험과 모험

메이커스페이스, 상상하고 만들고 실험하는 활력의 공간

◆ 페이엣빌 공공도서관(Fayetteville Free Library)
  미국, 뉴욕주 페이엣빌(300 Orchard St, Fayetteville, NY, USA)
  https://www.fflib.org

◆ 웨스트포트 도서관(The Westport Library)
  미국, 코네티컷주 웨스트포트(20 Jesup Road, Westport, CT, USA)
  http://www.westportlibrary.org

◆ 채터누가 공공도서관(Chattanooga Public Library)
  미국, 테네시주 채터누가(1001 Broad St, Chattanooga, TN, USA)
  http://www.chattlibrary.org

◆ 마틴 루서 킹 주니어 기념 도서관(Martin Luther King Jr. Memorial Library)
  미국, 워싱턴 D.C.(901 G St NW, Washington, DC, USA)
  http://www.dclibrary.org/mlk

미디어 스페이스, 예측 불가능한 미래가 담긴 도서관

◆ 도켄(Dokk1)
  덴마크, 오르후스(Hack Kampmanns Pl. 2, 8000 Aarhus C, Denmark)
  https://dokk1.dk

좋은 도서관 하나가 쇠락한 지역에 활력을 불어넣을 수 있을까

◆ 페컴 도서관(Peckham Library)
  영국, 런던(122 Peckham Hill St, Peckham, London, UK)
  http://www.southwark.gov.uk/libraries

◆ 올드 마켓 도서관(Old Market Library)
　태국, 방콕(Min Buri, Bangkok, Thailand)

기술 혁신과 친환경 가치의 결합, 녹색 도서관을 꿈꾸다

◆ 벡셰 시립도서관(Växjö Stadsbibliotek)
　스웨덴, 벡셰(Västra Esplanaden 7, Växjö, Sweden)
　https://bibliotek.vaxjo.se

◆ 베를린 자유대학(Freien Universität Berlin)의
　언어학 도서관(Philologische Bibliothek)
　독일, 베를린(Habelschwerdter Allee 45, Berlin, Germany)
　http://www.fu-berlin.de

◆ 모두의 숲 기후 미디어 코스모스(みんなの森 ぎふメディアコスモス)
　일본, 기후(日本岐阜県岐阜市司町40番地5)
　http://g-mediacosmos.jp

◆ 제임스 B. 헌트 주니어 도서관(James B. Hunt Jr. Library)
　미국, 노스캐롤라이나주 롤리(1070 Partners Way, Raleigh, NC, USA)
　http://www.lib.ncsu.edu/huntlibrary

2장 성장과 교육의 중심에 선 도서관들

이 세상 어느 곳에서든 책 읽는 어린이는 아름답다

◆ 미들 컨트리 공공도서관(Middle Country Public Library)
　미국, 뉴욕주 셀던(575 Middle Country Rd, Selden, NY, USA)
　https://www.mcplibrary.org

◆ 교토국제만화박물관(京都国際マンガミュージアム)
　일본, 교토(日本京都市中京区烏丸通御池上ル)
　https://www.kyotomm.jp

◆ 스모토 시립도서관(洲本市立図書館)
　일본, 스모토(日本兵庫県洲本市塩屋1丁目1番8号)
　http://www.city.sumoto.lg.jp

◆ 구마모토 현립도서관(熊本県立図書館)
　일본, 구마모토(日本熊本県熊本市中央区出水2丁目5番1号)
　http://www.library.pref.kumamoto.jp

어른 없는 아이들만의 공간, 트윈 세대 전용 도서관

◆ 티오트레톤(TioTretton)
　스웨덴, 스톡홀름(Kulturhuset, 3, Sergels Torg, Stockholm, Sweden)
　kulturhusetstadsteatern.se/tiotretton

◆ 말뫼 시립도서관(Malmö Stadsbibliotek)
　스웨덴, 말뫼(Kung Oscars väg 11, Malmö, Sweden)
　malmo.se/stadsbibliotek

◆ 비블로 퇴위엔(Biblo Tøyen)
　노르웨이, 오슬로(Hagegata 22, Oslo, Norway)
　biblotoyen.no

미국 청소년들의 핫 플레이스, 인기 만점 도서관을 찾아서

◆ 샴버그 타운십 지구 도서관(Schaumburg Township District Library)의
　틴 플레이스(Teen Place)
　미국, 일리노이주 샴버그(130 S Roselle Rd, Schaumburg, IL, USA)
　https://www.schaumburglibrary.org

◆ 보스턴 공공도서관(Boston Public Library)의 틴 센트럴(Teen Central)
미국, 매사추세츠주 보스턴(700 Boylston St, Boston, MA, USA)
http://www.bpl.org/teens/at-the-bpl/teen-room-central

◆ 해럴드 워싱턴 도서관 센터(Harold Washington Library Center)의
유미디어(YouMedia)
미국, 일리노이주 시카고(400 S State St, Chicago, IL, USA)
https://www.chipublib.org/hwlc-youmedia

평생교육의 최전선을 지키는 유럽의 도서관들

◆ 아이디어 스토어(Idea Store)
영국, 런던
바우(Bow: 1 Gladstone Place, Roman Road, Bow, London, UK)
크리스프 스트리트(Chrisp Street: 1 Vesey Path, East India Dock Road, London, UK)
화이트채플(WhiteChapel: 321 Whitechapel Road, London, UK)
카나리 워프(Canary Wharf: Churchill Place, London, UK)
와트니 마켓(Watney Market: 260 Commercial Road, London, UK)
https://www.ideastore.co.uk

◆ 퐁피두 센터(Centre Pompidou)의
공공 정보 도서관(Bibliothèque Publique d'Information)
프랑스, 파리(19 Rue Beaubourg, Paris, France)
http://www.centrepompidou.fr

공공도서관에도 학술 및 휴먼 데이터베이스가 필요하다

◆ 프린스턴 공공도서관(Princeton Public Library)
미국, 뉴저지주 프린스턴(65 Witherspoon St, Princeton, NJ, USA)
https://www.princetonlibrary.org

◆ 퐁피두 센터(Centre Pompidou)의
공공 정보 도서관(Bibliothèque Publique d'Information)

프랑스, 파리(19 Rue Beaubourg, Paris, France)
http://www.centrepompidou.fr

◆ 후쿠이 현립도서관(福井県立図書館)
일본, 후쿠이(日本福井県福井市下馬町51-11)
http://www.library-archives.pref.fukui.jp

3장 기록의 힘, 자료 보존의 힘

세상에서 가장 작은 나라에 있는 교황의 도서관

◆ 바티칸 도서관(Bibliotheca Apostolica Vaticana)
바티칸시국(V-00120 Vatican City)
https://www.vatlib.it

중세의 보물 같은 빛을 품고 있는 수도원 도서관

◆ 말라테스티아나 도서관(Biblioteca Malatestiana)
이탈리아, 체세나(Piazza Maurizio Bufalini, 1, Cesena FC, Italy)
http://www.comune.cesena.fc.it/malatestiana

◆ 안젤리카 도서관(Biblioteca Angelica)
이탈리아, 로마(Piazza di S. Agostino, 8, Roma RM, Italy)
http://www.bibliotecaangelica.beniculturali.it

오늘날까지 이어져 내려오는 왕과 귀족의 도서관

◆ 대영 도서관(British Library) 내부에 있는 왕의 도서관(King's Library)
영국, 런던(96 Euston Rd, Kings Cross, London, UK)

https://www.bl.uk

◆ 덴마크 왕립도서관(Det Kongelige Bibliotek)
덴마크, 코펜하겐(Søren Kierkegaards Plads 1, København K, Denmark)
http://www.kb.dk

◆ 리카르디아나 도서관(Biblioteca Riccardiana)
이탈리아, 피렌체(Via de' Ginori, 10, Firenze FI, Italy)
http://www.riccardiana.firenze.sbn.it

상류사회의 품격과 기품을 갖춘 회원제 도서관

◆ 보스턴 애서니엄(Boston Athenaeum)
미국, 매사추세츠주 보스턴(10 ½ Beacon St, Boston, MA, USA)
http://www.bostonathenaeum.org

통치의 역사를 보존하고 공유하는 대통령 도서관

◆ 존 F. 케네디 대통령 도서관 및 박물관
(John F. Kennedy Presidential Library and Museum)
미국, 매사추세츠주 보스턴(Columbia Point, Boston, MA, USA)
https://www.jfklibrary.org

◆ 지미 카터 대통령 도서관 및 박물관
(Jimmy Carter Presidential Library and Museum)
미국, 조지아주 애틀랜타(441 Freedom Pkwy NE, Atlanta, GA, USA)
https://www.jimmycarterlibrary.gov

인류의 지식과 자료를 관리하는 기록관

◆ 캐나다 도서관 및 기록관(Library and Archives Canada)과
보존 센터(Preservation Centre)
캐나다, 온타리오주 오타와(395 Wellington St, Ottawa, ON, Canada)

캐나다, 퀘벡주 게티뉴(625 Du Carrefour Boulevard, Gatineau, Quebec, Canada)
http://www.bac-lac.gc.ca

◆ 벤틀리 역사 도서관(Bentley Historical Library)
미국, 미시간주 앤아버(1150 Beal Ave, Ann Arbor, MI, USA)
http://bentley.umich.edu

◆ 프린스턴 대학 아카이브(Princeton University Archives)
미국, 뉴저지주 프린스턴(Seeley G. Mudd Manuscript Library, 65 Olden Street,
Princeton, NJ, USA)
https://rbsc.princeton.edu/divisions/princeton-university-archives

4장 도서관, 문화와 예술을 온몸으로 품어내다

세계의 소도시에 있는 아름다운 도서관을 찾아서

◆ 예링 도서관(Hjørring Bibliotekerne)
덴마크, 예링(Østergade 30, Hjørring, Denmark)
https://opac.hjbib.dk

◆ 베네슬라 도서관 및 문화센터(Vennesla Bibliotek og Kulturhus)
노르웨이, 베네슬라(Venneslamoen 19, Vennesla, Norway)
http://venneslakulturhus.no

◆ 가나자와 우미미라이 도서관(金沢海みらい図書館)
일본, 가나자와(日本石川県金沢市寺中町イ1番地1)
http://www.lib.kanazawa.ishikawa.jp

◆ 드부켄베르흐(De Boekenberg)
네덜란드, 스페이케니서(Markt 40, 3201 CZ Spijkenisse, Netherlands)
https://www.deboekenberg.nl

디자인이 돋보이는 세계의 대학도서관을 찾아서

◆ 무사시노 미술대학 도서관(武蔵野美術大学図書館)
일본, 도쿄(日本東京都小平市小川町1-736)
http://mauml.musabi.ac.jp/library

◆ 로욜라 대학(Loyola University Chicago)의
리처드 J. 클라체크 인포메이션 커먼스(Richard J. Klarchek Information Commons)
미국, 일리노이주 시카고(6501 N. Kenmore Ave., Chicago, IL, USA)
https://www.luc.edu/ic

오로지 한 분야에 집중한 전문 도서관의 모습

◆ 태국 창의 및 디자인 센터(Thailand Creative & Design Center)
태국, 방콕(The Grand Postal Building 1160 Charoenkrung Road Khwaeng Bang
Rak, Bangrak Krung Thep Maha Nakhon, Thailand)
*필자는 2016년 3월에 방문했으나, 2017년 5월 도서관이 이전하여 현재의 주소를 표기했다.
https://web.tcdc.or.th

◆ 라이브러리 앳 에스플러네이드(library@esplanade)
싱가포르, 마리나베이(8 Raffles Ave, Singapore)
https://www.nlb.gov.sg/VisitUs/BranchDetails/tabid/140/bid/336/Default.
aspx?branch=library%40esplanade

◆ 시 재단 도서관(Poetry Foundation Library)
미국, 일리노이주 시카고(61 W Superior St, Chicago, IL, USA)
https://www.poetryfoundation.org

셰익스피어에 의한, 셰익스피어를 위한, 셰익스피어의 모든 것

◆ 폴저 셰익스피어 도서관(Folger Shakespeare Library)
미국 워싱턴 D.C.(201 E Capitol St SE, Washington, DC, USA)
https://www.folger.edu

책은 불타버리고 빈 책장만 남겨진 도서관

◆ 매장 도서관(Versunkene Bibliothek)
　독일, 베를린(Unter den Linden, Berlin, Germany)

이 책은 한국출판문화산업진흥원
2017년 우수출판콘텐츠 제작 지원 사업 선정작입니다.

우리가 몰랐던 세상의 도서관들
책과 인간이 함께한 길을 찾아서
ⓒ 조금주

초판 1쇄 발행 | 2017년 11월 30일
초판 4쇄 발행 | 2020년 4월 20일

지은이 | 조금주
펴낸이 | 임윤희
디자인 | 송윤형
제작 | 제이오

펴낸곳 | 도서출판 나무연필
출판등록 | 제2014-000070호(2014년 8월 8일)
주소 | 08613 서울 금천구 시흥대로73길 67 금천엠타워 1301호
전화 | 070-4128-8187
팩스 | 0303-3445-8187
이메일 | woodpencilbooks@gmail.com
페이스북·인스타그램 | @woodpencilbooks

ISBN | 979-11-87890-08-9 03020